Michael Dienst, Berlin

e-mail: midienst@tfh-berlin.de

1. Auflage März 2009

Bibliographische Information der Deutschen Nationalbibliothek. Die Deutsche Nationalbibliothek verzeichnet diese Publikation in der Deutschen Nationalbibliografie; detaillierte bibliografische Daten sind im Internet über http://dnb.d-nb.de abrufbar.

ISBN-13: 9783837072655

Vorwort

Dieses Büchlein enthält eine Sammlung einführender Texte zur Historie der Bionik. Diese sind gedacht als vor- und nachbereitende Literatur für Seminare und Workshops. Abbildungen, Tabellen und gegebenenfalls Formeln der Vorträge sind in den Texten nicht wiedergegeben.

Es geht um Bionik, einem Wissensgebiet und einem Kunstwort gleichermaßen zusammengesetzt aus „Biologie" und „Technik". Die Bionik ist eine in die Zukunft weisende, interdisziplinäre Wissenschaft und wird seitens der Industrie, der Wirtschaft und der bundesdeutschen Bildungspolitik als eine der Schlüsselkompetenzen der folgenden Dekade angesehen. An Technischen Hochschulen aber auch zunehmend im Designbereich erfreut sich die Bionik als Lehr- und Forschungsgebiet einer außergewöhnlichen Beliebtheit.

In den Buchläden finden wir eine große Auswahl reichlich bebilderter Bücher zum Thema Bionik; und das ist schön so. Mir persönlich ist Lesen eingängiger als Sehen und Hören.
Das Arbeiten mit jungen, interessierten Menschen über ein, zwei Semester, manchmal über ein ganzes Studium hinweg, ist eine Idealvorstellung. Das Wissen und Verständnis wächst im Prozess; insbesondere beim Vortragenden. Viele meiner Kollegen empfinden es als Gnade, mit jungen Menschen derart spannende Themen zu diskutieren und spektakuläre Projekte – beispielsweise im Designbereich - bearbeiten zu dürfen; so ich auch. Manchmal dann stellt man fest – in der Kaffeepause, beim Heimweg - dass so vieles ungesagt blieb, der eine oder andere Hinweis fehlte, das Gespräch „rund" gewesen wäre, mit genau dieser einen, kleinen Information. Manchmal auch wünschte man sich das eine oder andere vorangehende Gespräch, bevor die Hektik eines Seminars, eines Arbeitstermins, oder einer Konsultation zu einem speziellen Thema einsetzt und

man sich in den Einzelheiten einer Projektaufgabe verliert. Dieses Gespräch bleibt oftmals aus und ist auch nicht durch einen guten Text, einen findigen Artikel zu ersetzen. Dennoch schadet eine kurze, knuffige (wie man hier im Preußischen sagt) Lektüre in der U-Bahn oder im Wartehäuschen nie, und deshalb bin ich an Skrupeln arm, meine werten Leserinnen und Leser mit Inhalten zu konfrontieren, die in der gestrigen Globalknowhowweltdeswissens-undderwunderkosmosmitdermaus- Sendung an Farben und Bildern reich zu sehen war.

Bionic Engineering Design verbindet die Naturwissenschaften mit den Ingenieurwissenschaften, und - wenn auch nicht ganz zufällig - so empfinde ich es wiederum als einen Glücksfall, dass in meinem rezenten Forschungs- und Lehrbereich die Themenfelder Engineering Basics und Bionic Engineering eine fruchtbare Schnittmenge bilden, in der auch Nichtwissenschaftliches seinen Platz hat. So schreibe ich diese Texte aus einer persönlichen Sicht und in meinem persönlichen, oft unwissenschaftlichen Stil. Alles Andere würde die, für die ich schreibe auch irritieren und verwundern.

Die Texte entstanden während meiner Lehrtätigkeit an der Technischen Fachhochschule Berlin, der Universität der Künste Berlin und am Industrial Design Institut der Fachhochschule Magdeburg- Stendal. Ein herzlicher Dank gilt daher meinen Kollegen in Forschung und Lehre und an erster Stelle den Studierenden an den genannten Hochschulen für alle hilfreichen Hinweise und Anregungen in unzähligen Kaffeepausen.
Heide, Jana und Moritz danke ich für die liebevolle Unterstützung aller Zeit und Nerven raubenden Projekte und das permanente Bereithalten eines kreativen häuslichen Chaos.

Berlin im Januar 2009
Mi. Dienst

BIONIC BASICS . HISTORIE

Einführende Texte zur Historie der Bionik. Seminarunterlagen.

Inhalt:

Elemente des BIONIC ENGINEERING DESIGN
Technische Biologie, Bionik und Produktentwicklung.

Bevor wir uns dem eigentlichen Thema dieses Aufsatzes zuwenden, der Darlegung einiger historischer Fakten bei der Betrachtung der Auseinandersetzung – im Sinne einer Wechselwirkung - des Menschen mit der ihn umgebenden Natur, ist es vielleicht hilfreich, auf die aktuellen Fragestellungen hinsichtlich der Fortentwicklung dieser so jungen Wissenschaft der Bionik zu blicken. Denn es sind die Defizite an systematischer und methodischer Herangehensweise, die allen mit Bionik Befassten derzeit das größte Kopfzerbrechen bereiten. Der Mangel an Methodik für das kluge Entwickeln und Erstellen zukunftsfähiger Produkte lässt uns den Blick zurück richten auf eine Zeit, die in weit intensiverem Maße geprägt war, von dem Agieren des Menschen im Kontext mit der Natur und ihren meist unverstandenen Kräften und Gewalten. Bionik als „Lernen von der Natur" lässt sich auch interpretieren, als ein Lernen von der klugen Auseinandersetzung der früheren Generationen mit der Natur.
Je technisierter eine Gesellschaft wird, um so mehr entfremdet sie ihre Mitglieder von der Technik. Kaum jemand versteht noch, wie in einem Kühlschrank das Licht angeht, oder warum das Auto startet, wenn man den Schlüssel umdreht. Lange vor Handy und Cyberspace haben wir schon einmal den Bezug zu unserem urbanen Kontext, zu unserer damals biologischen Umgebung verloren. Vielleicht täten wir gut daran, die Bionik als ein modernes Vehikel zur Wiederentdeckung verborgener (alter) Ingenieurkünste zu verstehen. Wie dem auch sei; betrachten wir zunächst den Status Quo.

Bionic.

Die Biologie hat äußerst effiziente und Ressourcen schonende Lösungen hervorgebracht. Konzepte, Bauweisen, Methoden und Strategien der Biologie unterscheiden sich aber in verblüffender Weise von denen der Technik. Seitens der Wissenschaft, der Technik aber auch zunehmend der Wirtschaft und der Gesellschaft werden in der Bionik hohe Potentiale für Produkte und Verfahren gesehen. Erwartet werden technische, wirtschaftliche und ökologische Vorteile.

Der Entwicklung technischer Produkte und Verfahren verdanken wir Wohlstand und Zivilisation, ein effizientes Gesundheitswesen und ein Leben fern von Hungersnot und der Furcht vor den Naturgewalten. Doch der Preis ist hoch. Technik belastet natürliche Lebensräume, bedroht die Vielfalt der Arten, rottet Lebewesen unwiederbringlich aus. Als Ausweg aus diesem Dilemma wird auf politischer Ebene eine nachhaltige, das heißt wirtschaftlich leistungsfähige, sozial gerechte und ökologisch verträgliche Entwicklung gefordert. Dies bedeutet nicht die Abschaffung von Technik, sondern Innovation und Integration. Es bedeutet die Optimierung von Technologie und Produkt im Einklang mit der Natur. Was liegt da näher, als die Biologie und die unbelebte Natur selbst zum Vorbild für moderne, nachhaltige Technik zu nehmen mit dem Ziel, diese ökologisch verträglich und ergänzend zu formulieren. Technische Biologie und Bionik stellen eine Verbindung zwischen Naturwissenschaft und Technik her und es besteht nun seitens der Industrie ein Bedarf an methodischen Instrumenten zur Übertragung natürlicher Wirkprinzipien und Bauweisen auf Produkte.

Bionik verbindet die Naturwissenschaften mit der Technik – idealer Weise in einer Art Brückenkopffunktion. Auf der Seite der Naturwissenschaften ist es insbesondere die technische Biologie, die die Fakten klärt; den Ingenieuren fällt die Aufgabe einer möglichst kreativen und funktionalen Umsetzung biologischer Prinzipien in Technik zu. Die Aufgabe der Technischen Biologie ist die Analyse biologischer Systeme und zielt auf die Beschreibung der Funktionsstrukturen auf der Ebene elementarer Wirkprinzipien und physikalischer, chemischer Effekte. Die Technische Biologie bedient sich experimenteller, rechnerischer und numerischer Analysemethoden. Die Biosystemanalyse schafft den Stoff aus dem Bionik Lösungen generiert.

Bionik ist die Entschlüsselung von Ergebnissen der biologischen Evolution und ihre innovative Umsetzung in technische Produkte und Verfahren.

Die Produktentwicklungsmethodik befasst sich mit dem Entwurf, der Entwicklung und Anwendung von Methoden und Strategien der Produkterstellung. Sie umfasst die Methodik aller Fragestellungen, mit denen die Informationen erarbeitet werden, die für das Konzept, den Entwurf und die Nutzung eines Produkts notwendig sind.

Technischen Biologie, Bionik und Produktentwicklungsmethodik spannen den Rahmen auf, in dem sich das Potential für Innovationen für die Entwicklung zeitgemäßer Produkte und Verfahren befindet.

Die Bionik kann strategische Handlungsansätze für die Entwicklung funktional kluger, ökologisch verträglicher und ergänzender Technik liefern. Das enorme Potential optimaler Problemlösungen der Natur wird aber nicht erschöpfend für die Entwicklung innovativer Technik genutzt. Der Erfolg der Übertragung von Erkenntnissen der Technischen Biologie in Technik war in der Vergangenheit bezüglich der Systemauswahl und Übertragungsmethodik weitestgehend von der individuellen Kompetenz und den eingesetzten Mitteln einzelner Forschungseinrichtungen und kooperierender Industriepartner abhängig. Erkenntnisse aus der Analyse biologischer Systeme sind grundsätzlich verfügbar, ihre Verwertbarkeit für ingenieur-technische Anwendungen ist aber oftmals nur unzureichend gegeben.

Engineering Design

Die moderne industrielle Produkterstellung ist ein zeitkritischer Prozess und die unmittelbare Verfügbarkeit eines präzisen, konditionierten Informationsstroms entscheidet über seine Integration in den industriellen Produkterstellungsprozess. Wohl aus diesem Grund blieb die quantitative Ausbeute an Übertragungen aus der Biologie in die Technik gegenüber dem existierenden Potential gut erforschter, natürlicher Wirkprinzipien und gegenüber den Erwartungen aller mit Bionik Befassten weit zurück.

Fragen wir WARUM: Von einigen Ausnahmefällen abgesehen haben die erheblichen Vorarbeiten auf dem Gebiet der Technischen Biologie nicht in dem erwarteten Maße zu Produkten oder technischen Innovationen geführt. Worin liegen die wesentlichen Gründe hierfür?

1.	Untersuchungen der Technischen Biologie beziehen sich in erster Linie auf eng abgegrenzte Teilaspekte, z.B. Strukturmechanik, Bewegung / Bewegungsapparat, Oberflächen und Mikrostrukturen

2.   Die in der Biologie typischen und dominierenden übergreifenden Zusammenhänge werden nur unzureichend wiedergegeben.

3.   Die Ergebnisse der Untersuchungen sind meistens nicht konkret genug um von Produktentwicklern genutzt werden zu können.

4.   Die Forschungsergebnisse werden nicht in einer (für den Produktentwickler) geeigneten Form publiziert.

5.   Auch in Bezug auf die Umsetzung der Erkenntnisse (Bionik) besteht aufgrund der Zersplitterung des Wissens das Problem des unzureichenden Überblicks über die relevanten Zusammenhänge in der Biologie.

6.   Die Einbindung und Umsetzung der Erkenntnisse beschränkt sich auf singuläre Ansätze. Diese Übertragungsansätze sind bisher kaum in die traditionellen Strategien und Methoden der Produktentwicklung integriert.

Genau hier setzt Bionic Engineering Design an. Es schließt die Lücke zwischen den primär analytisch gewonnen Erkenntnissen über Phänomene in der belebten Natur und ihrer Umsetzung in Produktinnovationen. Die Bühne des Bionic Engineering Design ist die klassische, problemorientierte Produktentwicklungsmethodik.

Bionic Engineering Design

Die Aufgabe der Bionik ist es, eine Verbindung herzustellen zwischen der Biologie, einer reinen Naturwissenschaft und den Technikwissenschaften. Schon alleine der Begriff Bionik beinhaltet das Programm:

„Bionik = Biologie + Technik".

Bioniker wollen wissen, was geschieht. Die Analyse des biologischen Systems nimmt daher einen breiten Raum ein in dieser noch jungen Wissenschaft. Die Technische Biologie bedient sich technischer mathematischer und technischer Instrumente, um die Vorgänge in der Belebten Natur zu entschlüsseln.
Die Erfahrung zeigt, dass gerade das Wechselwirken der biologischen Systeme mit ihrer Umwelt die signifikanten Effekte hervorbringt, die den Bioniker interessieren und die er zur Quelle seiner Konzepte, vielleicht seiner Visionen macht. Biologische Effekte existieren nicht losgelöst von ihren räumlich-zeitlichen Kontext, sie bilden sich aus in den Evolutions- und Adaptionsszenarien, in denen Lebewesen als „Systemgrenze zwischen einer äußeren Welt und ihrem eigenen inneren Milieu" agieren. Dazu bedarf es wissenschaftlicher Methoden der Entschlüsselung relevanter biologischer Systeme.

Bionik heißt Übertragung von Erkenntnissen der Analyse natürlicher Systeme in technische Produkte. Bionik macht Technik. Und Bionik braucht Wissenschaft: geschaffenes Wissen, um Technik zu generieren. Interessanterweise ging – historisch gesehen – die Technik der Wissenschaften voraus. Technik wurde von erfinderischen Menschen betrieben, um Werkzeuge zu erstellen, Kleidung zu produzieren, Gefäße zu töpfern, Farben zu mischen, Waffen, Musikinstrumente, Schiffe zu bauen, ohne zu wissen, wie und warum sie funktionieren. In den meisten Fällen geht auch heute noch das KNOW HOW dem KNOW WHY voraus. Artefakte werden erzeugt, weil der Markt sie nachfragt, weil es einen Bedarf gibt. Die Naturwissenschaft könnte eine Vielzahl von Technologien bereitstellen, eine Breite von Technik generieren, die es heute noch nicht gib, nur weil sie nicht nachgefragt wird.

Bionik stellt eine Verknüpfungsfunktion bereit. Sie verbindet die Naturwissenschaften mit der Welt der Artefakte. Naturwissenschaft und Technik haben verschiedene Ursprünge und sie werden wahrscheinlich auch verschiedene Wege gehen. Folgte früher die Wissenschaft auf die Technik, ist moderne Wissenschaft heute ohne Technik nicht vorstellbar. Naturwissenschaftler müssen Politikern, Managern, Wählern erklären, wie Natur funktioniert, damit man Nutzen aus dem Wissen schöpfen kann. Naturwissenschaftler müssen auch erklären, welche Restriktionen in diesen Wissen steckt, und welche Restriktionen aus dem Wissen erwachsen.

Diese Transferfunktion ist ebenfalls eine Aufgabe der Bionik. Der wissenschaftlichre Dialog im Sinne der Bionik funktioniert aber nur über fundierte Kenntnisse in Chemie, Physik, Mathematik, in Technologie und Technik gepaart mit einem Gespür für Fragestellungen der Geistes- und Sozialwissenschaften. Letztendlich zielt Bionik darauf, Technik und Technologien für Menschen zu gestalten.

Die Formel lautet:
„Bionic Engineering Design = Biologie + Technik + Transfer"

Betrachten wir nun die Aussage „Biologie = Biologie und Technik" als eine Aufgabe, ein Programm, dann zielt Bionik Engineering Design genau auf die methodischen Aspekte dieses Programms.

Produktentwicklungsmethodik befasst sich mit dem Entwurf, der Entwicklung und Anwendung von Methoden und Strategien der Produkterstellung. Sie umfasst die Methodik aller Fragestellungen mit denen die Informationen erarbeitet werden, die für das Konzept, den Entwurf und die Nutzung eines Produkts notwendig sind. Technischen Biologie, Bionik und Produktentwicklungsmethodik spannen den Rahmen auf, in dem sich das von uns anvisierte Innovationspotential bewegt.

Im englischsprachigen Raum – vornehmlich in Nordamerika - wird mit dem Begriff BIONIK (oder bionics) nicht immer das bezeichnet, was man in Europa seit zwei oder drei Jahrzehnten unter wissenschaftlicher Bionik versteht. Der Öffentlichkeit wurden erst kürzlich (im 2. Golfkrieg) Tiere gezeigt, die im Dienste der Menschen mit technischer Ausstattung militärische Aufträge erledigen. Damit ist nicht das Mienen schleppende Maultier afghanischer Widerstandskämpfer gemeint; das auch. Zu sehen waren Delfine, deren gesamtes vorangegangenes Leben und Handeln getragen war von dem Vertrauen zu seinem Trainer oder Trainerin. Es ist genau die sprichwörtliche Augenhöhe dieses Vertrauens zwischen Mensch und Tier, die notwendig ist um das Gelingen eines militärischen Auftrages sicherzustellen. Die Debatte über die Nützlichkeit derart mit Technik bestückter Lebewesen (Biologie + Technik) soll an dieser Stelle nicht geführt werden.
Auch die Prothetik und der gesamte Bereich der sogenannten Anthropo-Bionik ist nicht Gegenstand dieser Ausführungen.

Der Begriff „bionics" wurde offiziell zuerst auf einer NASA-Konferenz in den sechziger Jahren des vergangenen Jahrhunderts genannt. Ein Blick in die Technikgeschichte zeigt, dass die Natur dem Menschen von je her Motivation und Vorbild für technische Dinge war.

Der Übertragung von Verfahren und Methoden nach dem Vorbild der belebten Natur kommt in einer modernen Produktions- und Fertigungsumgebung ein hoher Bedeutungswert zu. In diesem Zusammenhang werden Konzepte gefordert, die eine einbeschriebene systemeigene Verträglichkeit besitzen. Die Hoffnung, die Wissenschaft der angewandten natürlichen Verfahren, die Bionik, könnte hier einen wesentlichen Beitrag leisten, stützt sich auf eine Vielzahl erfolgreicher bionischer Lösungsansätze und Lösungen. Vermisst werden in diesem Zusammenhang die Mechanismen, die zu einem bionischen Produkt führen, insbesondere universelle Methoden und Lösungskonzepte.

Toolmaking. Frühe Spuren

Wir betrachten heute Bionik als eine Wissenschaft, die eine Beziehung aufbaut zwischen Biologie und Technik.

Das greift „natürlich" und zum Glück zu kurz. Vielmehr handelt es sich bei der Bionik um eine Beziehung zwischen der Natur, der Technik und dem Menschen der einen Anspruch an diese Technik stellt. Der Artefakt, das künstliche Produkt oder der „bestellte" Prozess soll ihm dienen, ihn entlasten.
"The toolmaking animal", das Werkzeug machende Tier, so hat Benjamin Franklin (1706-1790) den Menschen genannt. Natur und Technik und das Verhältnis des Technik nutzenden Menschen zur Natur stehen heute oftmals in einem Widerspruch zu einander. Es mag auf den ersten Blick etwas erstaunen, aber die Geschichte der Beziehung der Menschen zur Natur ist gleichzeitig eine Geschichte der Beziehungen des Menschen zur Technik.
Wie kann das sein?

Der Mensch hat eine evolutionäre Herkunft von tierischen Vorfahren. Die Gattung Mensch nimmt im Tierreich eine Sonderstellung ein; es herrscht eine klare Trennung zwischen Tieren und Menschen. Die Anpassung des Menschen an seine Umgebung, - seine Umwelt wie wir umgangssprachlich sagen – ist von einer besonderen Art und so bei keiner anderen Gattung zu finden. Hervorgehoben ist der Umstand, dass der Mensch auf keine besondere Umgebung geprägt (angepasst) ist.

Die Entwicklung des Menschen ist nicht eigentlich Thema dieses Aufsatzes und so mag es an dieser Stelle genügen, hervorzuheben, dass er es nur wenige tausend Generationen - im Maßstab der biologischen Evolution ein extrem kurzer Zeitraum – komplizierte Anpassungen vollbringt. Es ist eine sprunghafte Entwicklung und sie ist bemerkenswert. Der Homo Sapiens beginnt seine Umwelt zu gestalten, sie zu beeinflussen, sie planvoll zu verändern. Wie werden diese Anpassungsleistungen an eine komplexe Umgebung vollbracht?

Der frühe Mensch entwickelt bemerkenswerter Weise zwei „Artefakte", er bedient sich der „Sprache" und der „Technik". Sprache und Technik zeichnen sich durch ihre Komplexität aus, sind aber für die Entwicklung des Homo Sapiens vorteilhaft. Gleichermaßen Voraussetzung für Sprache und Technik ist eine gewisse „Offenheit des Systems Homo Sapiens".
Ich möchte diese Offenheit ein wenig erläutern: Der menschliche Körper besitzt kein Fell – er weist keine auf bestimmte Nahrung spezialisierte Zähne auf – Menschen haben keine Klauen und keine Krallen. Die Folge dieses Mangels, dieser offenen Anlage ist, dass der Mensch Werkzeuge und Waffen erfinden muss und Kleidung und Gerät. Abstrakter ausgedrückt: der Mensch ist auf „technische Leistungen" angewiesen um zu überleben – er ist zur „Künstlichkeit" gezwungen. Aufgrund der Systemoffenheit ist der Mensch dazu verurteilt, seine Umgebung zu gestalten.

Werkzeugmachen verfolgt einen bestimmten Zweck. Man könnte beispielsweise folgende, zugegebener Maßen naive Auffassung vertreten: Technik ist eine Art „Organsubstitution". Werkzeuge ersetzen die nicht vorhandenen Organe oder konditionieren sie. Die Vorteile für den Gebrauch von Werkzeugen liegen (quasi wörtlich) auf der Hand: Der Mensch konnte die Welt beherrschen, ohne seine körperliche Unspezialisiertheit und Anpassungsfähigkeit aufgeben zu müssen.

Zwei Millionen Jahre, das heißt 99 Prozent seiner gesamten Lebenszeit, hat der Mensch als Wildbeuter in kleinen Rudeln oder Kohorten gelebt.

Kleinere Gruppen, vielleicht dreißig oder vierzig Menschen lebten als Beutegemeinschaft vorwiegend von der Jagd, aber auch von dem Sammeln von Früchten und Wurzeln. In einem langsamen Ablöseprozess erfolgt der Übergang vom Tier zum Menschen. Der Hauptinhalt dieser Geschichte ist die Auseinandersetzung mit der Natur. Der entscheidende Durchbruch ist der aufrechte Gang, die Freisetzung der Hände und ihr Zusammenspiel mit den räumlich sehenden, nach vorn gerichteten Augen. Das erhöht den Bereich der Naturerfahrung sprunghaft. Der Mensch lernt, die Dinge zu begreifen; das Maul wird vom Zupacken entlastet. Der zunehmende Werkzeuggebrauch zieht die Sprache und damit die Kehlkopfentwicklung nach sich. Der Mensch kann die Sicherheit seines ursprünglichen Aufenthaltsreviers, den Wald, verlassen und die Savanne als neuen Lebensraum erobern. Herstellungsverfahren für Jagdwaffen bilden sich heraus. Das Rudel begünstigt als komplementäre Ergänzungsgemeinschaft die individuelle Entwicklung. Wachen und Schlafen, aber auch Sammeln und Jagen werden aufgeteilt, ähnlich den späteren Aufteilungen in komplizierten Gesellschaften.

Bei Tieren lässt sich beobachten, dass die Fähigkeit in einem natürlichen Habitat zu überleben, den Reproduktionserfolg erhöht. In Hinblick auf den Homo Sapiens taucht jetzt in der Argumentation ein Problem auf: Wenn nun der frühe (und auch der moderne) Mensch seine Umgebung manipuliert, sie nach eigenen Maßstäben gestaltet, ist er somit dem Zugriff der (natürlichen) Evolution entzogen? Ist er aufgrund seiner Offenheit und dem Zwang zur Künstlichkeit außerhalb der Reichweite der Evolution?
Die Antwort lautet: Nein. Die Mechanismen der Evolution greifen nur an anderen Stellen an. Grob gesprochen möchte ich formulieren: Beim Menschen erhöht die Anpassungsfähigkeit an die selbstgeschaffene Umwelt den Reproduktionserfolg.

Ich wage eine erste Zusammenfassung:

1. Zur Menschlichkeit gehört die Künstlichkeit. Erkenntnisse werden sprachlich organisiert und technisch umgesetzt. Unter Technik wiederum ist einerseits der Artefakt, das Produkt zu verstehen andererseits die Handlungen, die Techniken.

2. Neben handwerklichen Fähigkeiten sind die Techniken der frühen Menschen durch ritualisierte, schematisierte Handlungen beschreibbar. Magische Rituale, Zeremonien usw. sind erlernte und erlern- und lehrbare Fertigkeiten. Der frühe Mensch versteht Regeln zu befolgen und Traditionen zu entwickeln. Es entstehen Regeln, die sein Überleben gewährleisten oder ihn gegenüber anderen Lebewesen - mit denen er in Konkurrenz um Ressourcen steht - zu bevorteilen.

3. Tradierte Handlungen und Rituale werden innerhalb sozialer Gruppen verfeinert, Regeln unter Individuen ausgetauscht – von Generation zu Generation weitergegeben.

4. Ziel der Entwicklung von Technik und Techniken ist offensichtlich die Unabhängigkeit von der individuellen körperlichen Ausstattung – Ergebnis des Erwerbs von Künstlichkeit ist das Überleben von Individuen und Gruppen durch erfolgreiche Praktiken, wie erlernbaren, tradierten Handlungen.

Vielleicht noch so viel zur Technikgenese: Ein Vergleich von natürlicher und technischer Evolution zielt auf den Entwicklungsprozess. Ein Ziel der natürlichen Evolution ist die Erhaltung der Art. Die Arten stehen oftmals in Feindschaft zueinander, dienen sich gegenseitig als Jagdbeute und Nahrung. Dabei sind die Akteure dieses Globalen Spiels, die Arten, der Mensch inklusive keinen falls Zufallsprodukte. Der Zufall spielt eine wichtige rolle in der Evolutionstheorie; er ist aber nicht die treibende Kraft in der Entwicklung der Lebewesen. Vielmehr war (und ist) der Mechanismus der Evolution das Zusammenspiel der natürliche Auslese mit der Erblichkeit von Eigenschaften der Individuen. Verschiedene Exemplare einer Art können sich aufgrund ihrer erblichen Anlagen (zufällig) unterscheiden. Nun, in einem zweiten Schritt, schaffen es jene, die am besten an eine sich ständig wandelnde Umgebung Angepassten zu überleben und ihr Erbe an die nächste Generation weiterzugeben.

Nun gut; wir sprechen ja eigentlich über das Werkzeugmachen. Tradierte Handlungen, auch Artefakte und artifizielle Prozesse wie beispielsweise die Sprachentwicklung sind (glücklicherweise) einer Entwicklung unterworfen. Auch hier sind – wie in der biologischen Betrachtungsweise – die Variationen am artifiziellen System, die ich mir im Zentrum eines selektiven Szenariums vorstelle, keinen falls nur zufälliger Art. Vielmehr schließt die durch Variation getriebene Entwicklung eines Werkzeuges einer Waffe, eines Kleidungsstückes oder einer Behausung die tiefen und einschlägigen Erfahrungen mit diesem Artefakten mit ein, baut auf ihnen auf. Interessanter Weise ist die evolutive Entwicklung des Artifiziellen nicht auf ein individuelles Erfahren beschränkt.

Evolution, oftmals verstanden im Sinne durchtrivialisierter Evolutionsschemata, beispielsweise durch trial- and- error- Szenarien, läuft in der Technik schneller und überwiegend theoretisch ab. Diese artifizielle (Quasi-) Evolution ist in diesen Tagen durchaus gut dokumentiert und - wenn auch unbeabsichtigt – und zumindest beobachtbar. Hinsichtlich der Rekonstruktion historischer Bezüge stehen die Chancen aber eher schlecht, geschlossene Szenarien durch bloße qualitativ- beobachtende Betrachtung herauszukristallisieren.

Auf einer verallgemeinernden Ebene lassen sich aber durchaus Strukturen erkennen:

Das Aufkommen von Technik in den verschiedenen Kulturen der Menschen hat gemeinsame Ursachen. In einem glücklichen Fall werden es einige, wenige, vielleicht universelle Ursachen sein, die das Phänomen Technik erklären. In Bezug auf Bionik Engineering Design ist es dabei von Bedeutung, dass es gerade die Natur selbst ist, die die Entstehung von Technik fordert und fördert. Moderne Technik wird oftmals (mein Eindruck ist, fast ausschließlich) als der Gegenspieler der Natur empfunden – die Natur selbst als feindselig und grausam – dem Menschen nicht zugewandt – es sei denn als Gegner und Feind. Wenn wir nur etwas mehr über uns selbst, unsere Herkunft und über das Motiv wüssten, nachdem wir als ein Stimmchen im großen phylogenetischen Konzert komponiert wurden, wie dankbar würden wir wohl jedes andere kleine und große Wesen – für das wir gerne den Begriff „Kunstwerk der Natur" verwenden – als eine gigantische Quelle der Inspiration annehmen. Techniker und Erfinder der vergangenen Zeit haben (erfolglos) versucht, Lebewesen als mechanischen Apparat zu beschreiben. Auch wir modernen Ingenieure bedienen uns der „systemischen Sicht" bei der Analyse von natürlichen Wesen und Prozessen und werden ihnen (den Wesen) ganz offensichtlich nicht gerecht. Vielleicht wird es bald modern werden, Maschinen mit den Augen eines Naturkundlers zu sehen, sie zu optimieren und zu evolvieren nach Prinzipien der belebten Natur.

Diesen Zusammenhang darzustellen, ist neben anderen eine der Aufgaben der Bionik. Die Beschäftigung mit Phänomenen der belebten Natur führt hin zu einer gewissen Hoffnung, dass Produkte und Verfahren, die sich an natürlichen Prozessen orientieren, mit ihr (der Natur) fair und harmonisch zusammenwirken. Dieses „bionische Versprechen" ist nicht selten Motiv und Motor wissenschaftlicher Leidenschaft. Dem Ansammeln und Bereithalten von Faktenwissen, fügt Bionik Engineering Design darüber hinaus den „methodischen Anspruch" hinzu.

Idealerweise haben Bioniker im Rahmen ihrer Möglichkeiten Biologie zu erklären und zu entschlüsseln. Sie sollen des weiteren ebenso Technik erklären und sie generieren. Diese Aufgabe ist keineswegs trivial und sie bedarf Ressourcen.

Nun, es existiert eine Fundus, eine beachtliche Menge an Faktenwissen über Phänomene aus der belebten Natur und es existieren Methoden zum konzipieren und zum Entwerfen von Artefakten. Der Fundus, die Erkenntnisse aus der Biosystemanalyse, umfasst (entsprechend der Analysetiefe mehr oder weniger vollständig) das gesamte Wesen in seinen Wechselbeziehungen mit seiner Umgebung, dem Habitat, seiner stammesgeschichtlichen und seiner individuellen Entwicklung (Evolution und Ontogenese), seinen Lebensgemeinschaften und seinem funktionalen Aufbau (Morphologie). Hier auf der Ebene der Funktionsstrukturen und der Wirkgefüge, werden die physikalischen, chemischen und informationellen Phänomene sichtbar, die die Grundlage bilden, für eine Analogienbildung und eine Assoziation, die – in einem günstigen Fall – Ausgangspunkt ist einer erfolgreichen Übertragung von der Biologie in Technik und Technologie.

Ohne der detaillierten Darlegung der Methoden des Bionik Engineering Design vorweg greifen zu wollen, ist es sicher angebracht, die Erwartungen an dieses Instrument zu formulieren:

Bionik als Methode muss Handlungsmuster, Verfahren, Instrumente und organisatorische Abläufe bereit stellen.

Von Bionik Engineering Design erwarten wir eine Art „roter Fader" für den Transfer von als optimal erkannter Lösungen der belebten Natur: Anweisungen für das „kluge Machen" von Artefakten. Gleichzeitig ist das Gemachte zu kritisieren. Gemachtes hat Folgen, wenn auch nicht notwendigerweise aus Machen Machenschaft folgt. Die Beschäftigung mit Beobachtungen und Phänomenen der belebten Natur mag den Blick schärfen für langreichweitige Vorgänge. Bionik Engineering Design kann die Folgen von Technik und Technisierung gegebenenfalls früher erkennen und in der Lage sein, Wertsetzungen durch Technik zu quantifizieren oder sie zumindest kritisch zu würdigen.

Mit einem an das Vokabular der Naturwissenschaftler angelehnten Zungenschlag möchte man sagen: Technik und Technologie besitzen alle Eigenschaften sich entwickelnder Systeme und Prozesse. Technikgenese, Technikevolution und Techniksoziologie bilden die Schlüsselbegriffe für eine umfassende, fachgebietübergreifende Sicht und Beschreibung künstlicher Entwicklungen und zukünftiger Produkte. Die Dimension der Untersuchung natürlicher Systeme (Wesen) und der Kreation von (künstlichen) Artefakten umfasst technische, wissenschaftliche, ökologische, kulturelle, soziale, werttheoretische, didaktische und nicht zuletzt ästhetische Aspekte.

Mit anderen Worten: Technik soll effizient, Ressourcen schonend, ökologisch klug, dem Menschen zugewandt, realisierbar und schön sein.

In der Natur beobachten wir die Dinge und Wesen nicht isoliert. Es herrschen intensive Struktur-Funktions-Beziehungen, die bei ihrer bionischen Umsetzung in Modellen abgebildet werden. Diese Ersatzsysteme widerspiegeln deren (Dinge und Wesen) Wechselwirkungen und es ist notwendig, alle Einzelheiten dieser Interaktion zu verstehen, damit die Gesamtfunktion sichtbar wird und als Grundlage dienen kann für eine Übertragung in das Artifizielle im Sinne der Bionik. Es ist für diesen Job eine gewisse Abstraktion nötig, um unwesendliche Einzelheiten wegzulassen, ohne Wichtiges zu vernachlässigen. Dazu stehen technische Begriffe, Symbole, Gleichungen, teilweise ganze physikalische Modellwelten die alle funktionsnotwendigen Parameter in technikkompatibler Darstellung enthalten, zur Verfügung. Die Aufgabe des Bionikers ist es nun, einen Kompromiss zwischen der Realitätsnähe, Transparenz und notwendigem Rechenaufwand zu finden.

Abstraktion heißt nicht notwendigerweise Vereinfachung, sonder fokussiert eher auf die Frage: finde das Wesentliche an einem (biologischen) System heraus. Dazu müssen diese natürlichen Systeme verstanden und in technik-adäquater Sprache abstrahierend beschrieben werden. In den Technikwissenschaften wird – in einer Abschwächung gegenüber der Systemtheorie – gerne von der so genannten „systemischen Sicht" gesprochen. Erst als sich Flugzeugkonstrukteure vom Bild des schlagenden Vogelflügels lösten und Vortrieb vom Auftrieb konstruktiv trennten, gelang der "künstliche Vogel". Bionik als interdisziplinäres Wissenschaftsgebiet verdankt ihr Innovationspotential dem integrativen Zusammenwirken mehrerer natur- und technikwissenschaftlicher Disziplinen und der konsequenten Anwendung der hier tradierten Modellwelten und Simulationsmethoden.

Stellen wir zum Abschluss eine provokative Frage: Warum soll Bionik Engineering Design überhaupt funktionieren? Meine Antwort auf diese Frage ist hoffnungsfroh, aber nicht weniger provokant: Alle Dinge und alle Wesen die uns umgeben sind „gemacht".

Eine gemachte Welt

Wir wollen erneut, aber von einer etwas anderen Warte aus, betrachten worum es beim Bionik Engineering Design geht.

Engineering Design befasst sich mit dem Gestalten künstlicher Dinge. Maschinen, Prozesse, Produkte. Zweifelsohne sind Entwerfen, Gestalten, Konstruieren, das Design ein intelligente Vorgänge. Und zweifelsohne benötigt Design Zeit und besitzt eine organisatorische Struktur. Design selbst ist ein Prozess. Hierzu wird an anderer Stelle noch einiges zu sagen sein. Fragen wir zunächst: „Welche Rolle spielt die Bionik in diesem Prozess? Wozu brauchen wir Bionik im Design Prozess?"

Von der Bionik wissen wir bereits folgendes: Bionik befasst sich mit der Untersuchung optimaler Problemlösungen in der belebten Natur und deren Übertragung auf technische Systeme und Prozesse. Bionik verändert unsere Sichtweise: Nicht die Natur soll beherrscht werden, sondern die Methoden der Natur sollen beherrscht werden. Denn haben Ingenieure und Designer erst einmal gelernt, wie Natur funktioniert, gelingt es zukünftige Technik verträglich und ergänzend zu formulieren, ihr den Habitus des Ausnutzenden zu nehmen. Außerdem gilt folgendes: Bionik ist kein Allheilmittel und keine Wunderwaffe, sondern ein gut funktionierendes Instrument. Wie jedes Werkzeug, kann man es ungebraucht in der Schublade liegen lassen, oder im Bedarfsfall einsetzen, um das eine oder andere Problem zu lösen.

Was können wir also grundsätzlich von der Natur lernen, außer vielleicht, dass sie schön anzusehen ist und das auch für Artefakte gelten sollte? Aha, das halten Sie für einen Scherz. Ich komme darauf zurück.

Legen wir unser Handwerkzeug zurecht, und formulieren einige Schlüsselworte:

Gestalt, essentielle Eleganz, Funktionen, Plan, Datensatz, Evolution, Optimum, konstruierte Gebilde, entstandene Systeme, Konzepte, Information, Attraktor, Poiesis, gemachte Welt.

Wie selbstverständlich habe ich oben behauptet, dass „Gestalten", also das „design" beim Bionik Engineering Design, ein intelligenter Vorgang sei. Das möchte ich näher hinterfragen.

Beginnen wir mit einem Spiel:

- **Das Lahntal**
- **Ein Gänseblümchen**
- **Ein Segelboot**

Das Spiel heißt: „Was passt hier nicht?"

Ist diese Frage wirklich so trivial?   .. Probieren wir es aus.

Passt nicht: Das Segelboot.
Eine von Menschen erdachte Maschine; ein Artefakt. Gänseblümchen und Lahntal sind nicht „erdacht" – sie sind nicht künstlich.

Passt nicht: das Gänseblümchen.
Das einzige lebendige Ding (Wesen) das hier zur Auswahl steht. Das Segelboot, das Lahntal sind beide unbelebt.

Passt nicht: Das Lahntal.
Das Flussbett besitzt keine Symmetrie. Segelboot und Gänseblümchen sind (in einem gewissen Sinn) symmetrisch.

Mit genügend Feingefühl aber auch Spitzfindigkeit können wir eine große Zahl an unterschiedlichen begründenden Szenarien entwerfen.

Gut. Gehen wir ein wenig ins Detail: Nehmen wir zum Beispiel das Segelboot. Wir können es uns recht gut vorstellen. Ein Segelboot ist das Produkt unseres Verstandes und unserer Hände. Zu Segelbooten können wir uns abstrakte Konzepte vorstellen und konkrete Details. Viele Teile an einem Segelboot sind sehr einfach. Einfach geformt und einfach herzustellen. Die meisten Betrachter würden wohl ein Gänseblümchen als niedlich oder schön, ein Segelboot als gefällig oder ansprechend bezeichnen, vielleicht elegant. Ganz anders das Gänseblümchen.

Elegant? Ich behaupte: Gänseblümchen besitzen eine essentielle Eleganz, eine Schönheit, die intensiver ist, als auf den ersten Blick erfasst und erwartet.

Eine fundamentale Eleganz. Das Gänseblümchen besitzt, nein es ist, eine elegante Lösung für komplexe Probleme: Gänseblumen müssen Licht einsammeln, Sauerstoff und Kohlenmonoxid über ihre Grenzflächen mit der umgebenden Luft austauschen. Gänseblümchen transportieren Wasser aus ihren Wurzeln gegen die Schwerkraft zu ihren Blütenblättern. In den Stängeln von Gänseblümchen werden Fluide in beide Richtungen transportiert, wobei interessanter Weise die Fließgeschwindigkeit nach oben schneller ist, als die nach unten. Das Einsammeln von Wasser durch das Wurzelwerk erfordert raffinierte hydraulische Verfahren, denn bekannter weise nimmt die Fließgeschwindigkeit in einer Ressourcenerschöpfungszone eklatant gegenüber einer abgesättigten Umgebung ab. Der Wasserentzug aus der Umgebung muss also in einer sehr differenzierten Weise und geregelt erfolgen, wenn die Pflanze nicht wegen eines zu effizienten Saugens „verdursten" soll. Die Zellen der kleinen Gänseblume" transportieren Stoffe und Signale in Form spezieller Substanzen und sind selbst in der Lage eine breite Palette von für sie lebenswichtigen Materialien herzustellen. Gänseblümchen können mit anderen Biosystemen kommunizieren um sich in einer symbiotischen Lebensgemeinschaft optimal fortzupflanzen. Ihren Habitus passen sie den herrschenden Verhältnissen an, sie sind also phänotypisch adaptiv. Beispielsweise sind sie phototrop, sie passen sich an, an lokale geographische Verhältnisse und an von außen aufgeprägte zeitliche Rhythmen. Werden Gänseblümchen verletzt, so heilen sie selbstständig aus. All dies geschieht in einer mehr oder minder feindlichen Umgebung und mit von technischen Verfahren und Apparaturen unerreichten Wirkungsgraden. Vielleicht das Wichtigste: Die essentielle Schönheit der Gänseblume hat ihre Ursache in der Funktionalität ihres Designs. Ein unschlagbares Konzept für elegantes Design.

Eine Blütenpflanze ist sehr komplex. Beide jedoch, Segelboot und Gänseblume, besitzen hinsichtlich ihrer Herstellungs- bzw. Erstellungsursache eine bemerkenswerte Gemeinsamkeit: Sie folgt einem Plan. Kein vergleichbarer, kein gemeinsamer Plan. Aber es gibt eine Art Bauanleitung für jedes der beiden Dinge. Beide – Segelboot und Gänseblümchen - sind in diesem Sinne „Konstruktionen“. Im Gegensatz dazu die Lahn. Sie folgt keinem Plan, sie besitzt keinen Datensatz.
Können wir deshalb sagen, das Segelboot und das Gänseblümchen sind entstanden aufgrund eines intelligenten Vorgangs? Und ich füge hinzu: eines intelligenten Optimierungsvorgangs?

Zweifelsohne besitzt die Gänseblume einen Vorläufer. Sie besitzt eine Ahnengalerie. Wir kennen diesen biologischen Optimierungsvorgang: Anpassung durch Evolution.

Auch das Segelboot besitzt Vorläufer. Auch hier hat eine Entwicklung stattgefunden. Dürfen wir von Evolution sprechen? Die Antwort: ein klares ja!

Ganz anders die Lahn (wg. passt nicht: ..).

→ Sie besitzt keine Evolution! Oder doch?
→ Sie ist aber nicht Optimal! Oder doch?
→ Sie hat aber keinen Plan! Oder doch?

Frage: Warum fließt die Lahn so und nicht anders?

Antwort: weil es am besten für sie ist. – Aha, also doch optimal, also doch Optimierung?

Das schlaufenreiche Lahntal ist typisch für meandernde Flussverläufe. Man kann zeigen, dass Meander optimal sind, im Sinne energetischer Minimalstrukturen. Überlässt man ein Fluid sich selbst, der Schwerkraft und einer gering strukturierten Oberfläche – und bis vor ein paar tausend Jahren war das ja bei Flüssen wie etwa der Lahn (noch) gegeben – beginnt dieses Fluid auf unstrukturiertem (statistisch neutralem) Terrain zu meandern, also in diesen eigentümlichen Schleifen zu fließen und den Untergrund zu organisieren. So fing das wohl mit der Lahn an – vor einer Mio. Jahre oder früher.

Er sah früher anders aus, der Fluss; vor 1 Mio. vor 500.000 oder vor 2000 Jahren hatte er eine andere Gestalt als heute. Ist das, was wir jetzt sehen – die „moderne" Lahn, das Optimum? Und ist das was zu dieser Gestalt führt, ein Optimierungsprozess?

Wir können viele Beispiele heranziehen, bei denen Lebewesen eng mit einem von ihnen selbst gestalteten Umfeld interagieren: Spinnen und Spinnennetze, Schafe und ihre Pfade auf den eichen, Bienen und die Waben ihrer Gehäuse; das gleiche gilt für Wespen, den Erfindern des (biologischen) Papiers.

Sofort fallen uns Produkte, also Artefakte aus Menschenhand ein. An anderer Stelle war bereits die Rede von der Notwendigkeit zur Künstlichkeit auf Grund der menschlichen Natur. Auch künstliche Dinge ordnen andere künstliche Dinge – bilden Beziehungen oder gar „Zuneigungen" aus. Nicht zuletzt konstruieren wir Maschinen für Maschinen oder Werkzeuge für Maschinen; unsere VDI-Richtlinien und unsere DIN-Normen regeln diese Maschine-Maschine-Interaktion aufs genauste. In der Physik – insbesondere in der Chaos-Theorie – hat sich für artifizielle und natürliche, auf Systemwechselwirkung beruhende „Zuneigung" der Begriff des Attraktors etabliert.

Attraktoren sind häufig Seitens ihrer fundamentalen physikalischen Grundlagen nicht sofort fassbar, begegnen uns aber im täglichen Leben. Wir arbeiten mit ihnen, nutzen sie und sind von ihnen abhängig. Bildlich gesprochen wollen Motorräder auf einer ganz bestimmten „Ideallinie" durch eine Kurve bewegt werden – übrigens ein schönes Beispiel, denn zeichnet man die Ideallinie eines schnell fahrenden Fahrzeuges in eine beliebige Kombination zweier aufeinander folgender 180-Grad-Kurven ein, findet man eine Figur, die uns sofort an den meandernden Fluss erinnert.

Die ordnende Kraft, die den konservativen Systemen der unbelebten Natur innewohnt schafft so genannte Minimalstrukturen, und es lohnt sich derartige Prozesse näher zu untersuchen. Davon später mehr.

An dieser Stelle soll am Ende die vielleicht erstaunliche Tatsache stehen, dass alle Dinge – die belebten und die unbelebten - auf ihre Weise „gemacht" sind. Wir beobachten Dinge, die sich „selbst machen", die autopoietisch sind, und wir betrachten Dinge, die durch „kluges machen" entstanden sind. Die Gabe, schöpferisch zu sein wurde von den antiken Griechen als „Poiesis" bezeichnet – eine Gabe, die auch den modernen Ingenieuren zu wünschen ist. Wir sehen uns hineingeraten in eine „Gemachte Welt".

Frühes funktionales Design.
Die Natur als Vorbild für Technik und Techniken.

Flüsse, Gänseblumen, Segelboote besitzen Gemeinsamkeiten, die ihren Entstehungsprozess betreffen. Wir sprachen über die „gemachte Welt" und über Selbstentstehung: Autopoiesis.

Die Bedeutung selbstordnender Prozesse bei der Gestaltentstehung künstlicher Systeme wird zunehmen und wir erwarten, dass auch eines Tages künstliche Dinge „von selbst" entstehen. Wir sprachen ferner über das „werkzeugmachende Tier", das Schöpfertum besitzt, poietisch denkt und handelt. Aus dem griechischen Altertum stammt die interessante Unterscheidung in „nützliche Künste" - z.B. die Bootsbaukunst, das Kleiderfertigen, das Töpfern, usw. - und „schöne Künste" - z.B. Schauspiel und Gesang. Nur Akteure der schönen Künste besaßen Poiesis (so Aristoteles 384 – 322 v. Chr.). Bei allem Respekt vor den alten Griechen halte ich es für angebracht zu behaupten, dass auch das Fertigen von Gebrauchsgegenständen einer Schöpferkraft bedarf, die wir – mit einem Blick auf das funktionale Design zur Zeit der frühen Menschen einschließend - als Poiesis bezeichnen mögen.

Erstaunlicherweise ist die Geschichte der Kulturen eng verknüpft mit der Geschichte des Herstellens und des Gebrauchs von Technik und der Entwicklungen von Techniken. Die Intensionen zum Gestalten seiner Umgebung bezog das „werkzeugmachende Tier" aus der Wechselwirkung mit seinem Habitat. Die Komplexität der Artefakte war anfangs zunächst gering.

Für Bioniker ist die Beschäftigung mit Technikgeschichte eine hervorragende Möglichkeit, einen Einblick in die essentiellen Strukturen des Umgangs des Menschen mit Vorbildern aus seiner erfahrbaren Umgebung zu gewinnen.

Ein markantes Merkmal, das den schöpferischen „frühen" Menschen, mit seiner „offenen" Auslegung, von jenen ihre Umwelt gestaltenden Tieren unterscheidet, die Höhlen graben (z.B. Maulwürfe), Netze bauen (z.B. Spinnen), Staaten gründen (z.B. soziale Insekten), kooperieren (z.B. jagende Delfine), altruieren (z.B. Flucht- und Weidetiere) war eine gewisse planvolle Herangehensweise, also die Anwendung von Methoden und nach einer Zeit „tradierten" Strategien, die Fähigkeit dem Handeln einen Vorgang abstrakten Planens voranzusetzen.

Interessanter Weise ging die Wissenschaft aus der Technik hervor – nicht umgekehrt. Erst entwickelte sich das „know how" dann das „know why". An vielen Beispielen in der Kulturgeschichte der Menschen ist dies erklärbar. Zuerst lernte der Mensch Feuer zu machen, Pfeil und Bogen zu fertigen und zu gebrauchen, Schiffe zu bauen (know how) ohne zu wissen, warum all diese Vorgänge, Prozesse und letztlich Apparate funktionieren (know why). Es gibt viele Beispiele „guten" frühen Designs und perfekt funktionierender künstliche Systeme. Auch heute noch geht oftmals Technik der Wissenschaft voraus; wir entwerfen, fertigen, benutzen und letztendlich entsorgen Dinge, die wir in ihrer Wirklichkeit – und weit entfernt von der vollständigen Realität ihres Funktionierens - nicht vollständig, manchmal nicht annähernd verstehen (Kuchen backen, Gentechnik, Schreiben, Autofahren?). In den Wissenschaften und vor allem in der Technik lernen und lehren wir aber gerade den anderen Weg. Eine Entdeckung, eine Erfindung ist der Ausgangspunkt für eine technische Entwicklung – so der Idealfall. Erst wenn ein Prinzip, ein Wirkmechanismus ordentlich erforscht, eine Funktionsstruktur erstellt ist, erfolgt das Erarbeiten eines Konzeptes, der Entwurf, die Konstruktion, das Erstellen von Fertigungsunterlagen.

Das „frühe Design" war die Konsequenz der oben beschriebenen offenen Auslegung des Menschen. Ohne spezielle Klauen, spezielle Zähne und ohne Fell ausgestattet, erfolgte die Anpassung an ein bestimmtes Habitat durch den Gebrauch von Technik und die Anwendung von Techniken. Viele (wahrscheinlich Alle) frühen Artefakte waren von der Natur inspiriert.

Versuchen wir eine „semantische Analyse" eines sehr frühen Werkzeuges des Homo Sapiens: des Faustkeil. Auf der Ebene der Bedeutungen gelangt man zu der Funktionsstruktur:

Der Faustkeil:

>Ein Werkzeug, dem „per Hand" Energie zugeführt werden kann
>
>...
>
>Zum Eindringen in einen Tierkörper
>
>Zum Erzeugen eine Verletzung
>
>Um Gewebe zu zertrennen
>
>Um Funktionsgewebe zu entkoppeln (zerstören)
>
>Um Stoffe zu trennen, Energie zu leiten, um Stoff zu leiten

Analysieren wir nun in gleicher Weise die Funktionen eines Raubtiergebisses.

Ein Organ dem Energie zugeführt wird ....

>u.A. zum Eindringen in einen Tierkörper
>
>Zum Erzeugen eine Verletzung
>
>Um Gewebe zu zertrennen
>
>Um Funktionsgewebe zu entkoppeln (zerstören)
>
>Um Stoffe zu trennen, Energie zu leiten, um Stoff zu leiten

Wir kommen in beiden Fällen zu den gleichen Funktionen, zu den gleichen Wirkprinzipien, in unterschiedlichen Arrangements: Während ein Gebiss ein Teil des Körpers eines Wesens (hier eines Raubtieres oder Aasfressers) ist, bleibt der Faustkeil ein extrakorpurales Instrument (beispielsweise das eines Aasfressers). Die offensichtliche Unspezifiziertheit des Menschen ist die Ursache für das Künstliche; es ist Motiv und Antrieb für die Entwicklung von Artefakten, die eine Konditionierung der menschlichen Körperfunktionen realisieren.

Die nachfolgenden Beschreibungen frühen Designs sollen aus einer heutigen modernen Sicht geschehen. Viele früh erfundenen Maschinen, Werkzeuge und Instrumente sind auch dem modernen Betrachter präsent und des „Begreifens" zugänglich.

Extrakorpural ist der Pfeil, der mit dem Bogen abgeschossen wird. Mit Pfeil und Bogen hatte der frühe Jäger einen Artefakt geschaffen, der nicht nur sehr effizient ist, sondern auch ein im hohen Maße elegantes Design darstellt. Gegenüber einem geworfenen Stock überzeugen die Leistungen eines Pfeils. Mit einem Bogen abgeschossenen, erreichen Pfeile wesentlich höhere Geschwindigkeiten als beispielsweise Wurfgeschosse.

Die Waffe ist außerdem sehr effizient. Der Pfeil transportiert mehr Energie in ein Ziel, als ein geworfenes Objekt gleicher Masse. Ebenfalls ist die Präzision der Waffe hoch. Betrachten wir das gestalterische Konzept eines Bogens. Spannt man die Sehne, wird am Bogen Formänderungsarbeit verrichtet. Um einen funktionsfähigen Bogen zu entwerfen, reicht es nicht aus, nur irgendwie das Energie-Speicher-Prinzip zu entdecken; man muss es auch auf ein bewegliches System anwenden. Ein Bogen ist ein mobiles Gerät; es ist leicht zu transportieren und leicht zu handhaben. Aufgrund seiner symmetrischen Gestaltung arbeitet es präzise und der Wirkungsgrad ist ausgesprochen groß.

Man weiß heute, dass in der Geschichte nahezu aller bekannten Kulturen das „artifizielle System Pfeil und Bogen" auftaucht. Zum sicheren und erfolgreichen Betrieb eines Bogens bedarf es nicht nur eines leistungsfähigen Designs. Neben der Gestaltung ist auch die Ausprägung von Gebrauchstechniken erforderlich.

Es ist sehr aufschlussreich für einen Ingenieur sich neben den konstruktiven und gestalterischen Aspekten, mit dem effizienten Gebrauch eines Instrumentes zu befassen. In Europa und der westlichen Welt besitzt das Bogenschießen heute lediglich eine Bedeutung als Sportart. In den fernöstlichen Kulturen jedoch hat sich eine niemals endgültig abgebrochene Tradition des Gebrauchs des Bogens erhalten. Es ist im Fernen Osten erst einige Menschenalter her, dass moderne Waffen die alten Kampf- und Jagdmittel verdrängt haben; der Umgang mit ihnen wurde dadurch aber keineswegs unterbunden. Bogenschießen gilt hier als „Kunst" und wird seither in immer weiteren Kreisen gepflegt.

Aeromechanische Maschinen. Auf den Begriff der Kunst des Bogenschießens als Technik (im Sinne von Künstlichkeit und Handhabungstechnik) wollte ich an dieser Stelle hinweisen. Technikwissen konnte in den frühen Kulturen aus Naturerfahrung erwachsen. Beobachtbar war, dass Dinge schwimmen, Wärme-Energie und Formänderungsarbeit speichern, dass man den Wind als Antriebskraft nutzen kann und vieles mehr. Mittels Sprache konnte Naturerfahrung und Technikwissen vermittelt und innerhalb sozialer Gemeinschaften geteilt werden. Durch Migration von Individuen und Gruppen wurden neue Lebensräume erschlossen und Wissen mit Fremden ausgetauscht. Lässt sich so erklären, dass hochentwickelte Technik, wie beispielsweise der Bumerang, etwa zur gleichen Zeit auf unterschiedlichen Kontinenten auftaucht?
Hypothetisch kann es in von einander getrennten Kulturen zu einer jeweils eigenständigen Entwicklung von Bumerangs gekommen sein. Als Alternative zu dieser Ansicht muss die Frage diskutiert werden, auf welche Weise sich das Wissen über Herstellung und Gebrauch dieser Flugmaschinen unter den frühen Kulturen verbreitet.

Eine bedeutende Rolle dürften dabei andere aeromechanische Maschinen gespielt haben: Segelschiffe. Und parallel zu den mobilitätsrealisierenden Artefakten muss sich das Wissen ihres effizienten Gebrauchs entwickelt haben: Navigation. Die für lange und gefährliche Seereisen notwendige Technik und das prozeduale Wissen der Technik- und Mobilitätsrealisation und des Technikgebrauchs, ist gleichzeitig Instrument der Verbreitung – Technik und Techniken stellen die Mobilität bereit – und Gegenstand der Verbreitung. Es kommt zu einem Multiplikationseffekt. Für beides, Technik und Technologie, waren Naturkenntnisse und Kommunikation innerhalb und über Gruppen hinweg und über Generationen erforderlich.

Die Herstellung und der Gebrauch von Bumerangs war den australischen Ureinwohnern und den Polynesiern bekannt. Diesen ist aufgrund ihrer hochentwickelten Navigationskünste die Ausbreitung selbst einer insulär und isoliert entwickelten Technologie zuzutrauen. Als die ersten Europäer den Pazifik erreichten, hatten die Polynesier längst alle bewohnbaren Inseln ihres "Siedlungsraumes" von 50 000 000 km², dieses gewaltigen Dreiecks von Hawaii im Norden bis Neuseeland im Südwesten und bis zur Oster-Insel im Südosten, erkundet. Sie besaßen keines der Navigationsmittel, mit deren Hilfe die Weißen ihre großen Fahrten begonnen hatten. Ohne Kompass, ohne Sextant und Chronometer segelten die Polynesier auf dem größten Ozean unserer Erde über Tausende von Seemeilen. Sie waren die besten Seefahrer der Geschichte.
Die Polynesier liebten die See mehr als das Land, und sie zeichneten sich durch eine große Abenteuer- und Wanderlust aus. Sie waren mit dem Meer auf das Engste vertraut. Ihre hervorragende Beobachtungsgabe, ihr Merkvermögen und ihr Zeitgefühl verhalfen ihnen zu einer genauen Kenntnis der See und ihrer Strömungen, der Wettererscheinungen und vor allem der Winde. Darüber hinaus hatten sie einen beachtlichen Instinkt für die jeweils richtigen Verhaltensweisen. Die Navigation der

Polynesier war verblüffend einfach und auf der Tatsache begründet, dass die Sterne jeweils am gleichen Punkt des Horizontes aufgehen. Sie kannten eine große Zahl von Gestirnen denen sie besondere Namen gegeben hatten, und sie wussten, an welcher Stelle des Horizontes und zu welcher Zeit des Jahres ein jeder dieser Sterne aufging. Das Wichtigste dabei war jedoch, dass die Polynesier beobachtet hatten, über welche Inseln die einzelnen Sterne "hinwegzogen". Sie kannten das Positionsverhältnis der Sterne zueinander, und sie wussten, dass jeweils etliche Gestirne auf einem imaginären "Pfad" am Himmelsgewölbe einander folgten.

So begannen die Polynesier eine Fernfahrt gern in den letzten Tagesstunden. Sie richteten sich dabei zunächst nach Orientierungspunkten auf der Heimatinsel, die nach ihrer Erfahrung genau nach der Zielinsel wiesen. Dann nahmen sie den Kurs nach dem aufgehenden "Leitstern" für die anzusteuernde Insel auf. Dieser Stern konnte als Navigationsmittel nur so lange dienen, wie er niedrig am Himmel stand. War er zu hochgestiegen, so richtete man sich nach dem nächstfolgenden auf dem "Sternenpfad". Die auf diese Weise entstandenen „Bilder" konnten konserviert und kommuniziert werden.

Bei diesem Verfahren war man natürlich davon abhängig, dass der Himmel sich nicht bewölkte und die Windrichtung sich nicht wesentlich veränderte. Schon James Cook bemerkte, dass die Polynesier das Wetter mit erstaunlicher Sicherheit vorauszusagen wussten. Dazu verhalfen ihnen die exakt beobachteten "Zeichen der Natur". So besuchte man auch am Tage vor einer geplanten Reise den Oststrand oder das Ostriff der Heimatinsel. Die Lebewesen der Uferregion konnten als Indikatoren für klimatische Veränderungen dienen. Hatten z.B. die Seesterne ihren Unterschlupf verlassen und waren bestimmte Fische nahe am Ufer zu sehen, so war für den nächsten Tag mit konstant gutem Wetter zu rechnen. Die Beobachtung von Naturerscheinungen war ein wichtiges Element in der Planung und Vorbereitung von Seereisen. Selbstverständlich wartete man auch auf den jeweils günstigen Wind, was vor allem bei ostwärts gerichteten Reisen große Geduld erforderte. Die Fernfahrten der Polynesier dauerten etliche Tage oder gar Wochen. Zur Tageszeit orientierte man sich nach der Sonne, dem Wind, der Dünung und zuweilen auch nach dem Vogelflug. Etliche Zugvögel kommen vom Norden bis weit in den Süd-Pazifik; der Kleine Goldregenpfeifer fliegt z.B., je nach der Jahreszeit, von Alaska und Sibirien über Hawaii süd-wärts und wieder zurück.

Während langer Reisen mit Hilfe der Navigation nach den Sternen und besonders auch während der Tagesfahrten, entstanden Kursabweichun-gen, die mehr als 50 sm betragen konnten. Um das anzusteuernde Land nicht zu übersehen, fuhren die Polynesier gern mit mehreren Booten unter weiten Abständen. Jenseits des Horizontes liegende Atolle erkann-ten sie tagsüber im wolkenlosen Himmel am "Licht des Landes", einem Dunstflimmer von der Lagune, deren grünliches Wasser sich im Gewölk auch spiegelte. Bergige, noch unsichtbare Inseln waren an einer über diesen stehenden Wolke zu bemerken, an der andere Wolken vorbeizo-gen. Einzelne, den Nachthimmel rötende Vulkane dienten im Hawaii- und im Tonga-Bereich als weithin sichtbare Wegweiser. Koralleninseln (Riff-Inseln) waren mittels der sie umgebenden charakteristischen Dü-nung zu finden, wie die Atolle sich auch durch das bei Ebbe aus den Lagunen ablaufende Wasser bemerkbar machten, das noch auf größere Distanz die sonst konstante Meeresströmung beeinflusste. So haben die Polynesier der Tonga-Inseln nach Reisen von tausend Seemeilen die widrigen Inseln von Tuvalu schon vor Jahrhunderten sicher angesteuert.

Infolge der Europäisierung des Pazifiks ging auch weithin die alte Naviga-tionskunst unter den Polynesiern verloren. Kolonieregierungen verboten ihnen die selbständige Hochseefahrt, die traditionellen Kenntnisse zum Bau der großen Boote gerieten in Vergessenheit, und die Polynesier fahren heute an Bord europäischer Schiffe - unter der Mannschaft wie als Passagiere. Nur auf Tikopia- und auf, den Riff-Inseln des Santa Cruz Archipels waren noch in diesen Jahrzehnten polynesische "Kapitäne" zu beobachten, die mit ihren traditionellen Booten "nach den Sternen" zu segeln vermochten.

Neben den Navigationstechniken sind es natürlich die hoch entwickelten Konstruktionen der polynesischen Seefahrzeuge, die uns an dieser Stelle interessieren. Als ein entscheidender Faktor für die ausgeprägte Mobilität der Südseebewohner dürfen die regulären Windsysteme angesehen werden. Diese stehen in unmittelbarer Wechselbeziehungen zu den Segelformen, dem Auslegersystem und der Bauart der in diesen Regionen anzutreffenden der Doppelrumpfsegelboote. Die polynesische Schifffahrt hatte ihre Grundlage in einem ausgereiften Schiffbau und in einer vollendeten Segelkunst. Das Geheimnis dieser Segelkunst aber lag in der dreieckigen und fächerförmig gespreizten Längsschiffbesegelung (Krabbenscheren- Rigg) der polynesischen Fahrzeuge. Entgegen unseren modernen (slupgetakelten) Segeln strebt hier die größte Breite der Segelfläche von Deck weg und ist in eine obere Region verlegt. Bedenkt man, dass die Windgeschwindigkeit mit der Höhe über dem Wasserspiegel rasch wächst, so darf diese Segelform als äußerst effizient gelten. Entscheidend ist dabei, dass man mit dem Längsschiffsegel hart an den Wind gehen kann, bis zu 45 Grad. Die polynesischen Konstruktionen stehen einer modernen Yacht also keineswegs nach und dieser Umstand erklärt letztlich, wie es den Polynesiern gelang, ihre Seefahrten von West nach Ost zwischen den Wendekreisen durchzuführen.

Die Besegelung des TONGIAKI stellt eine urtümliche, aber wohldurchdachte Form dieser Längsschiffsegel dar, wie sie sicherlich während der großen Entdeckerfahrten seit 2000 Jahren in Gebrauch waren. Die Hauptsegelfläche liegt hinter dem Mast, welcher seinerseits auf dem

Steuerbordrumpf steht. Man musste das Segel jeweils auf dem Leeboot setzen, damit das als Begleitfläche agierende Luvboot die wichtige Aufgabe eines verstärkten Widerstandes beim Anliegen am Wind erfüllen konnte. Gleichzeitig fungierte das Luvboot als Gegengewicht beim Krängen des Fahrzeuges unter Segeldruck.

Gemäß der Stellung des Mastes auf dem Steuerbordrumpf, wurde wohl nach Möglichkeit mit einem Windeinfall von Backbord gesegelt. Jedoch war man anscheinend auch in der Lage, bei einem Windeinfall über Steuerbord das Boot voll auszusegeln. Die Vorschotleinen führten jeweils durch Löcher in den Vorsteven zum Segelhals. Diese Leinen wurden nach der Einstellung fest belegt, während die Großschot am unteren Segelbaum möglichst mit der Hand geführt wurde, um jede Bewegung im Segel und im Schiff erfühlen zu können.

Bei einem unverhofft auftretenden Sturm sah man sich in der Lage, das Segel zu verkürzen (es konnte bei den Mattensegeln kein Reff eingeschlagen werden), indem dieses mit dem Fall, das über den oberen Segelbaum zum unteren Segelbaum führt, in eine Bucht (Halbkegel) geholt wurde. Das Segel bot dadurch dem Wind nur noch eine geringe Angriffsfläche, gab auf der anderen Seite aber noch genügend Widerstand, um dem Boot Fahrt zu verleihen.

Die Kursbeständigkeit des Bootes wurde durch die beiden Steuerpaddel gewährleistet. Durch die auf scharfem Kiel gebauten Rümpfe und das zwischen diesen hindurch fließende Wasser, in dem die Paddel voll zur Wirkung kamen, wurde die Kursbeständigkeit beträchtlich erhöht.

Die Reisen der Polynesier führten zum Austausch von Waren und Informationen in einem riesigen Inselreich und zu Verschlagungen tausende Seemeilen darüber hinaus. Die Geschichte des Handels ist zugleich die Geschichte der Ausbreitung von Wissen; und ich füge hinzu, die Geschichte der Technik und des prozedualen Technologiewissens.

Eine Theorie über die Migration des Wissens der Handhabung und Fertigung von Bumerangs ist bis heute nicht vollständig bewiesen. Auf der Schwelle der Entwicklung nomadierender Gruppen zu siedelnden Gemeinschaften taucht der Bumerang in der Geschichte auf – interessanter Weise zeitgleich mit der Domestikation wilder Tiere zu Haustieren und unabhängig von Pfeil und Bogen.

Seine Physik ist bis heute nicht vollständig verstanden, obwohl es CFD-Modelle seiner Strömungsmechanik gibt, und obwohl die Newton'sche Physik die Kinematik seiner Bewegung vollkommen beschreibt und das mathematische Instrumentarium vollständig erscheint. Die rasante Entwicklung der Windräder in den vergangenen zwei Jahrzehnten hat den theoretischen Grundlagen auch der frei rotierenden aerodynamischen Auftriebsmaschinen gute Dienste erwiesen. Das Leerlaufverhalten der Windräder im Schadensfall ist den Geschehnissen um einen Bumerang sehr ähnlich. Wir verstehen das komplexe aeromechanische Geschehen um einen fliegenden Bumerang schon ein wenig besser, als in der Mitte des vergangenen Jahrhunderts. Das „Spielzeug Bumerang" hat Einzug gehalten in die Versuchshallen, die Windkanäle und Simulationsmodelle.

Die Aeromechanik des Bumerangs kann als Model für den Autogyro-Effekt dienen, der bei Sicherheitsbetrachtungen bei Helikoptern eine entscheidende Rolle spielt. Im Experiment geschehen dann doch immer wieder unerwartete Dinge, die sich trotz Abschussapparate und Hallenbedingungen einer Wissenschaftlichen Begründung entziehen. Es klingt wie ein Witz, aber um die Physik der rotierenden Fluggeräte zu studieren, setzen die Wissenschaftler alle Mühe daran, Bumerangs so zu konstruieren, dass sie eben nicht zurückkommen, sondern im Geradeausfliegen zu einem aerodynamisch analysierbaren System werden – rein theoretisch. Am Ende bleibt der begnadete Bumerangwerfer, der ungeachtet aller Physik und numerischer Simulation sein Fluggerät vollständig beherrscht, in langen Jahren ein Gefühl für den Wind und den

Untergrund über den der Bumerang fliegt, entwickelt hat und perfekt Gewohnheit und Intuition zu einem harmonischen Ganzen verschmelzen lässt. Die Entwicklung des Fluges und die Entwicklung der Handhabung durch den Werfer, seiner Körperbewegungen erfolgen parallel und sind komplex. Über Bumerangs wissen wir wenig, obwohl sie zu den ältesten aeromechanischen Maschinen gehören dürften, die der Mensch entwickelt hat.

Auch interessiert man sich für die Physik der Rotatios- Flugsamen. Im Vergleich zu Bumerangs oder Hubschraubern spielen diese einarmigen Hi-Tec-Flugmaschinen in einer ganz anderen Klasse. Obwohl es vom Erscheinungsbild her vielleicht nahe liegen mag, so waren die Flugsamen nicht die biologischen Vorbilder für Bumerangs; wohl aber für Flugzeugpropeller (siehe weiter unten im Text).
Aus den Ausführungen über das polynesische Seefahrervolk wird deutlich, dass wenigstens theoretisch die Chance bestand, das Wissen, das „know how" der Bumerangs und die Technik ihrer Handhabung in dem gewaltigen Areal von Hawaii im Norden bis Neuseeland im Südwesten und im weiteren südpazifischen Raum zu verbreiten. Vielleicht kam dieses Wissen auf einem verschlungenen Landweg bis in den vorderen Orient und nach Ägypten?

Zu einer interessanten Hypothese und zu einem handfesten Streit unter den Kollegen hat eine Abbildung geführt, die ich während eines Vortrages zur Historie der Bionik zeigte und die seit dieser Zeit zu meinen Lieblingsbildern zur Bionik gehört. Abgebildet ist ein Ägypter in einer Darstellung etwa 2000 vor Chr. Dazu müssen Sie noch folgendes wissen: Die Katze und auch der Falke wurde in Ägypten und Babylonien als Gottheit verehrt. Hunde sind seit über 5000 Jahren die treuen Gefährten der Menschen. Die Domestikation von wilden Tieren zu Haustieren war ein wichtiges Element in den Kulturgeschichten der Menschheit. Sie geschah verteilt über den Globus und offenbar unabhängig von einander. Beispielsweise Falken.

Was macht ein „guter Falke"? Er jagt der Beute nach, vielleicht einer Ente oder einer Taube (wenn sie nicht gerade auch heilig ist). Im Erfolgsfall reißt der Falke die Beute im Flug. Bei Misserfolg kommt der Falke zurück zum Jäger. *(Hoppla!?)* Das Bild zeigt gar keinen Falken? Das Bild zeigt einen Bumerang!

Worauf ich noch hinaus will, ist Folgendes: Selbst wenn wir die räumliche Migration von Wissen ausblenden, so ist das Anfertigen eines Bumerangs eine hohe Kunst. Das Wissen über diese Jagdwerkzeuge muss von Generation zu Generation weitergegeben werden. Einen Bumerang zu entwickeln ist eine gestalterische und informationelle Glanzleistung. Versuch und Irrtum, Konservieren und Transportieren von Information, verfahrenstechnische Entwicklung letztlich die Materialauswahl und die Optimierung von Geometrie und Funktion. Hat dieser komplexe Prozess ortsunabhängig auf unterschiedlichen Kontinenten in gleicher Weise stattgefunden, ähnlich wie die Domestikation der Haustiere?

Windräder. Kehren wir zurück zur Geschichte des funktionellen Designs. Neben Segelbooten waren Windmühlen die ersten Maschinen zur Nutzung der Windenergie. Sie wurden nach Meinung der Historiker im Orient betrieben. Hammurabi soll schon 1700 v. Chr. mit Windrädern die Ebenen Mesopotamiens bewässert haben. Eine recht frühe Nutzung der Windkraft in Afghanistan ist urkundlich belegt: Schriften des 7. Jh. n. Chr. bekunden, dass dort der Beruf des Mühlenbauers hohes Ansehen genoss. Noch heute kann man im Iran und in Afghanistan Ruinen dieser seit Jahrhunderten betriebenen Windmühlen sehen.

Diese ältesten Windräder der Welt hatten eine vertikale Drehachse. Daran waren geflochtene Matten befestigt, die dem Wind einen Luftwiderstand entgegensetzten und daher vom Wind "mitgenommen" wurden. Bei *den* persischen Windrädern wurde durch Abschattung der einen Rotorhälfte mit einer Mauer eine Asymmetrie erzeugt, die die Widerstandskraft zum Antrieb des Rotors nutzbar macht.

Bei den ebenfalls sehr alten chinesischen Windrädern wird eine solche Asymmetrie durch Wegklappen der Segelmatten auf ihrem "Rückweg" (dem Wind entgegen) erzeugt. Diese chinesischen Widerstandsläufer sind etwa seit 1000 n. Chr. bekannt und hatten wie die persischen eine vertikale Drehachse mit geflochtenen Matten als "Segel". Im Gegensatz zu der persischen Variante hatten sie jedoch den für Windräder mit vertikaler Achse eigentlich typischen Vorteil, dass sie den Wind unabhängig von seiner Richtung nutzen konnten.

Die konstruktive Einfachheit dieser Bauform lässt ahnen, dass dieses Windrad eine spätere Variante des Vertikalachsers mit umklappenden Flügeln darstellt. Der Mahlstein kann ohne Umlenkung der Drehbewegung und ohne zwischengeschaltetes Getriebe direkt an die senkrechte Antriebswelle befestigt werden. Die moderneren Windmühlen mit horizontaler Achse, wie z.B. die schneller laufenden Holländerwindmühlen, erfordern nicht nur für die Umlenkung und Untersetzung der Drehbewegung von der horizontalen auf die vertikale Achse, sondern auch für die aufwendigere Lagerung der schnellen und schweren horizontalen Welle eine erheblich weiterentwickelte Konstruktion.

In die Zeit des Beginns der Domestikation wilder Tiere zu Haustieren fällt die Herstellung von Geweben und Kleidung aus Tierhaaren. Es ist davon auszugehen, dass das Filzmachen (das Filzen) eine sehr alte Kunst ist. Man braucht dazu nicht einmal Schafe oder andere frühe Haustiere, es funktioniert mit Tierhaaren generell. Richtig verarbeitet entsteht eine plastizierbare Masse, aus der sehr robuste Kleidungsstücke hergestellt werden können. Seit tausenden von Jahren weiß man, wie Filz hergestellt wird und eigentlich dachte man schon im späten Mittelalter alles über Filz zu wissen. Mit der Industrialisierung im 19ten Jahrhundert begann man Filzmaschinen zu bauen. Man lernte Filz in großen Mengen industriell herzustellen. Aber es war wie verhext. Maschinell hergestellter Filz hat andere Eigenschaften, als handgemachter Filz. Bis heute weiß man nicht, warum. Es stellt eine besonders spannende Aufgabe dar, zu untersuchen, ob tatsächlich der Mensch der Erfinder des Filzens ist, oder ob diese (Bau-) Materialkonditionierung nicht etwa in der belebten (a-antropologen) Welt als Technologie existiert. Hier sollten wir uns sofort als Lernende anmelden!

Die angeführten Beispiele zeigen, dass die Handwerker, Künstler, Manufakteure, Erfinder, Techniker und Ingenieure oftmals nicht wussten und auch heute manchmal nicht wissen, wie etwas funktioniert, das sie erfinden, entwerfen, konstruieren, herstellen, gebrauchen und versuchen wieder in den Kreislauf der Natur zu integrieren. Die Entwicklung von Artefakten verlief zu einer Zeit vor zwei- dreihundert Jahren eher langsam. Sicher gab so etwas wie ein wissensbasiertes Design und es ist allemal interessant, die Transportwege dieses Wissens zu untersuchen.
Ein weitere Aspekt ist von Interesse: das Zeitverhalten von Technikentwicklung. Die Art und Weise, wie sich die frühen Produkte entwickeln, erinnert sehr an den biologischen Muster- und Gestaltaufbau, an „natürliches Design". Die Entwicklung von Technik verläuft zunächst langsam, dann beschleunigt, bleibt aber – wenn auch schneller werdend – tastend. Eher selten gibt es „Evolutionssprünge", und wenn, dann werden sie von den antiken Chronisten exponiert dargestellt: z.B. Prometheus. Die Erfindung als übernatürlicher Prozess.

Natürliche Gestaltgebungsprozesse, evolutive Prozesse, verlaufen langsam aber sie verlaufen sicher. Das Wesen evolutiver Prozesse ist nur zu einem kleinen Prozentsatz verstanden. Diese Erkenntnis lässt Evolutionsbiologen erschaudern angesichts der Leichtigkeit des Deklarierens von Entwicklungszielen der Gentechnik, angesichts der Versprechungen und Heilserwartungen und des wider Wissens eilfertigen Handelns. Der nachhaltige Eingriff in das genetische Material von Lebewesen erscheint unter diesen Gesichtspunkten ist grob fahrlässig.

Sich selbst überlassene Evolution führte in der belebten Natur zu sehr einfachen und effizienten Strukturen und Wirkmechanismen. Es zeigt sich, dass die offensichtliche Eleganz natürlicher Lösungen über die Funktionalität dieses Systems definiert ist. Wenn wir die Schönheit des Einfachen der belebten Natur bewundern, so sollten wir eine gewisse Aufmerksamkeit für den enormen Zwang zur Multifunktionalität entwickeln, wie er in jedem Biotop, im kleinsten und im großen Maßstab herrscht. Es ist gerade die „Brutalität" äußerer Restriktionen, die zur Entwicklung einfachster Lösungen für komplexe Probleme führt.

Die Entwicklung technischer Produkte ist heute ein extrem zeitkritischer Prozess. Die Zwänge des Marktes und die Forderung nach wirtschaftlichem Umgang mit Material und Energie und letztendlich die Restriktionen die seitens Funktionsgerechtigkeit und der verfügbaren Fertigungstechnologien bestehen üben auf den gesamten Produkterstellungsprozess und darüber hinaus auf den Lebenszyklus eines Artefakts enormen Druck aus. Im Sinne einer für die Produktoptimierung geforderten Qualitätsfunktion ist dies ein gutes Motiv nach den Lösungsprinzipien der belebten Natur zu forschen, Wirkprinzipien zu entschlüsseln und Bionik zu praktizieren.
Auch im „frühen Design" ist zu registrieren, dass Entwicklung oft im Detail stattfindet. Design stellt eine Beziehung her zwischen dem Objekt und dem Benutzer. Modern ausgedrückt, stellt Design „Benutzeroberflächen" her. Erscheint uns diese Feststellung zunächst trivial, so stellen wir mit der Zeit fest, dass ein Artefakt offenbar viele Eigenschaften und Funktionen besitzt, die über das reine Funktionieren weit hinausgehen. Diese

intuitive Feststellung wird durch eine Beobachtung unterstützt, die wir an uns selbst gelegentlich machen. Der Benutzer (wir) sieht in einem Artefakt gerne einen Ausdruck seiner Person, eine Erweiterung seiner Persönlichkeit. Auch wenn diese Prozesse eher im Unbewussten ablaufen, so lassen sich die betrachteten Phänomene der Detaillierung und Eleganz vielleicht gerade durch diesen Wunsch nach „aggregierter Vervollkommnung" erklären. Ein treffendes Beispiel, das diese These unterstützt, finden wir in vielen historischen Konstruktionen. Frühes Design ist extrem fokussiert auf (Jagd-) Waffen: einer Erweiterung der Handlungsfähigkeit des Menschen. (Gerne betrachten wir Waffen nur als Dinge, die sich gegen andere Menschen richten. Auch wenn unsere Geschichtsbücher fast ausschließlich die Kriege der damaligen Völker nennt, so können wir dennoch davon ausgehen, dass der Alltag eines beispielsweise mittelalterlichen Erwachsenen keinesfalls nur aus Krieg, Rache und Sühne bestand. Die Geschichtsbücher, die eine Historie mit dem Auftauchen einer besonderen Technik oder eines konstruktiven Details erklären, sind für uns alle verfügbar, was genutzt werden sollte. Vielleicht ein kleines Beispiel moderner Fehleinschätzungen zum Abschluss.

Eine moderne und offenbar bionische Erfindung ist der Wulstbug, erinnert er doch an den Schädel der Delfine und dient dem Zweck der Widerstandsminderung von Schiffrümpfen. Moderne Ingenieure sind stolz auf diese Erfindung nach dem Vorbild der Delfinnase; kein Bionik-Buch kommt heute ohne einen Verweis auf diese geniale Erfindung aus den 60er Jahren des vergangenen Jahrhunderts aus.
Aber erzählen wir die Geschichte doch mal etwas anders. Wir befinden uns im Zeitalter der punischen und anderer Kriege im antiken Mittelmeerraum.
Ach ja, die Griechen. Delfine waren verzauberte Jungfrauen und den alten Helenen heilig. Sirenen sangen schräge Lieder und waren heimtückisch und gefährlich. Seefahrer waren Helden und sklavenbetriebene

Galeeren geniale Konstruktionen, aber böse. Das kam daher, dass der Rammdorn am Bug der Galeeren eine grausame Waffe darstellte, geschaffen, andere Schiffe zu zerstören und den Feind zu zerschmettern. Und dann die antiken Laster. Zum Beispiel Dionysos, Gott des Weines und viel besungener Frauenheld, ließ sich offenbar gerne auf antiken Amphoren und anderem Geschirr abbilden. So also war das damals im Land der Helenen.

Falsch. Die Arbeitsplätze auf einer Galeere waren gut bezahlt und sehr begehrt. Die Galeerenruderer genossen hohes gesellschaftliches Ansehen. Also nichts für Sklaven.

Aber aus der Sicht des Bionikers ist Folgendes noch interessanter: Betrachten wir Keramiken und zeitgenössige Darstellungen (ab 600 v. Chr.) etwas genauer, dann zeigt sich, dass viele Darstellunge keine Kriegsschiffe sondern (friedfertige, gegebenenfalls fluchtbereite) Segelboote zum Gütertransport waren.

Die Schiffe haben dennoch einen „Rammdorn". Das ist seltsam. Niemand baut sich etwas an sein Schiff, was er gar nicht braucht. Manche Darstellungen zeigen Delfine, die das Schiff umspielen. Die Ähnlichkeit der Delfinnasen mit der Rumpfform des Segelbootes des Dionysos ist kein Zufall. Antike Künstler hatten offenbar die Absicht, genau diese Verknüpfung darzustellen. Könnte es sein, dass eine Bootsform die einen Wulst im Vorschiff ausbildet einfach nur sehr effizient war? Wahrscheinlich handelt es sich beim Schiff des Dionysos um eine recht schnelles Fahrzeug, mit dem man verderbliche Waren rasch über See transportieren konnte. Die Wahrscheinlichkeit, dass wir mit unserem bionischen Wulstbug mal gerade um 2600 Jahre zu spät kommen, ist doch recht hoch.

Es bleibt natürlich eine Tatsache, dass Innovationen im Schiffsbau gerade Kriegsgerät effizienter machte. Hier waren leistungsfähige Fahrzeuge notwendig, um einen Feind einzuholen, oder ihm zu entkommen. Viele Jahrhunderte lang, und besonders im 18. ten Jahrhundert stand das

Segelschiff für die größte Herausforderung zu technischen Höchstleistungen. Anders beispielsweise als Gebäude, waren Schiffe stets und notwendigerweise komplex, weil hier viele Funktionen miteinander verknüpft waren, viele, vielleicht alle Teile in Wechselwirkung miteinander standen. Im Unterschied zu den meisten immobilen Artefakten entschieden die funktionalen Aspekte über gutes und schlechtes Design, und im anbetracht der Naturgewalten auf hoher See über Leben und Tod.

Daidalos und Ikaros. Als der bedeutendste Mythos über die Sehnsucht des Menschen, fliegen zu können und die nur natürliche Idee, sich an der Flugtechnik der Vögel zu orientieren, gilt die Sage von Daidalos und Ikaros. Sie sei hier kurz erzählt:

Niemand konnte sich wohl mit dem kunstreichen Daidalos messen, der als der größte Baumeister und Bildhauer seiner Zeit galt. Aber Eitelkeit und Neid führten ihn auf den Weg des Verbrechens. Die Sage erzählt, er habe einen jungen Schüler, der ihn zu überflügeln drohte aus Eifersucht getötet. Daidalos musste nun heimlich aus seiner Vaterstadt Athen flüchten. Er irrte im Lande umher, bis er schließlich mit seinem Sohn Ikaros auf Kreta eine neue Heimstatt fand. Minos, der König der Insel, wusste die künstlerischen Fähigkeiten des Daidalos zu schätzen und stellte ihm die Aufgabe, für den Minotauros, ein grässliches Ungeheuer, halb Mensch, halb Stier, eine Unterkunft zu schaffen. Daidalos war es, der damals das sagenumwobene Labyrinth, den Irrgarten mit einer verwirrenden Vielzahl von Gängen und Kammern, errichtete.

Trotz aller Ehren, mit denen Minos die Arbeit des Künstlers zu belohnen wusste, quälte Daidalos der Gedanke an das verlorene Vaterland. Minos, der den kunstfertigen Mann nicht gehen lassen wollte, als er von dessen Sehnsucht erfuhr, nahm Daidalos in strenge Gefangenschaft. Wo er ging und stand, umgaben ihn auf des Königs Geheiß misstrauische Wachen. Es war unmöglich, die Insel auf dem Seeweg zu verlassen.

Daidalos aber wusste einen Ausweg, der ihm Rettung versprach. „Mag Minos mir Land und Wasser versperren", rief er entschlossen, „mir bleibt die freie Himmelsluft! Dort werde ich unseren Weg finden! Mag Minos überall seine Macht ausüben, in der Luft versagt seine Herrschergewalt!" Daidalos nahm Vogelfedern, legte sie der Größe nach in eine genaue Reihenfolge, verband die Federn in der Mitte mit Fäden und fügte sie an den Kielen mit Wachs zusammen, usw. Das Ende dieser Geschichte ist allseits bekannt.

Während man das Experiment im Altertum noch als unzulässigen Eingriff in die Natur betrachtete, das nichts über die wahre Natur, sondern nur über die Natur in einer Zwangslage aussage, war man in der Renaissance und in späteren Zeiten damit beschäftigt, all die fehlenden empirisch-experimentellen Versuche nachzuholen und die Naturphilosophie durch die Naturwissenschaft zu ersetzen. Gerechtfertigt dadurch, dass man sich den Kosmos als riesige Maschine erklärte. Der Mensch entwickelte also in dieser Makro-Maschine seine eigenen Mikro-Maschinen. Auf diese Weise störten also beide Seiten – Natur und Technik - einander nicht. Als einziger Unterschied zwischen Natur und Technik wurde befunden, dass die Natur sich in ihrer offenen Selbstorganisation von den wissenschaftlichen Versuchen durch ihre Absichtslosigkeit unterscheidet. Durch diesen Einbruch des Experiments in die Wissenschaft fielen die hohe Physik und die gemeine Technik zusammen. So konnte sich die bis dahin abstrakt-naturphilosophische Physik zu Mechanik, Optik, Wärmelehre, Astronomie entwickeln, aus der Pflanzenheilkunde entstand die Biologie und aus der Alchemie entwickelte sich die Chemie.

Als Begründer der Geschichte des Flugwesens wird Leonardo da Vinci (1452-1519) angesehen, der sich über eine längere Zeit mit dem Bau einer Flugmaschine beschäftigte. Konstruktionszeichnungen, die sich am Vogelflug und der Anatomie der Vögel orientieren, sind bekannt. Ob er jedoch die Maschinen jemals gebaut hat, ist ungewiss. Einige seiner Apparate wurden als Modell und auch im Maßstab 1:1 rekonstruiert, bzw. nachgebaut, beispielsweise die Schlagflugmaschine. Wir wissen heute, das der Mensch rein physiologisch nicht in der Lage ist mit einem solchen Schlagflugapparat im Kraftflug zu fliegen. Fliegende Fische und Fledermäuse dienten ihm zum Vorbild und da Vinci begnügte sich nicht damit, ihre Mechanik lediglich zu kopieren, sondern gelangte auch zu eigenen Konstruktionslösungen.

Giovanni Alfonso Borelli (1698-1679) beschäftigte sich mit mechanischen Versuchen auf der Basis des Studiums der Bewegungsabläufe beim Vogelflug und dem Schwimmen der Fische. Er hinterließ eine Vielzahl von Zeichnungen und konstruierte sogar Tauchapparate für den Menschen.
Erst gegen Ende des 18. Jahrhunderts wurden wieder Versuche angestellt, das natürliche Vorbild für Flugkonstruktionen zu nutzen. Eines der kuriosen Beispiele hierfür ist Sir George Cayley (1773-1857), ein englischer Landadliger, der verschiedenste Apparate nach Analysen natürlicher Systeme baute. Zum Beispiel ließ er gefrorene Spechte oder Jungdelphine in Scheiben schneiden und konstruierte daraus Ballonrümpfe.

Ein weiterer Forscher, der sich intensiv mit dem Vogelflug beschäftigte war C. Ader. Er baute Ende des 19. Jahrhunderts eine an der Fledermaus orientierte Flugmaschine, die mit zwei Dampfmaschinen á 40 PS ausgestattet war, die wiederum zwei an der Stirnseite angebrachte vierflügelige Luftschrauben antrieben. Die Flügel der Schrauben waren den Schwungfedern großer Vögel nachgebildet. 1897 flog er mit diesem Apparat („Avion III") eine Strecke von 300 Metern.

Der Propeller tauchte während der 80er Jahre des 18ten Jahrhunderts in Europa auf. Von den Franzosen Launoy und Bienvenu ist die Konstruktion dieses Hubschrauberspielzeugs überliefert. Es ging auf eine alte chinesische Konstruktion zurück und hatte zwei Propeller die durch eine aufgespulte Bogensehne entgegengesetzt gedreht wurden. Es handelt sich um eine sehr einfache Mechanik; und dennoch darf dieses Spielzeug als der direkte Vorfahre des Hubschrauberrotors gelten.

Otto Lilienthal. In jedem Frühjahr spielt sich im Umland von Berlin und anderswo ein wunderbares Schauspiel ab: Die Störche kommen. Laut schreiend suchen sie ihre angestammten Nistplätze, nehmen Kontakt auf zu denen, die voranflogen auf der langen Reise in den Norden. Das dauert. In endlosen Spiralen segeln sie über das anvisierte Zielgebiet, wir Menschen stehen nur da und blinzeln in die Frühlingssonne – beobachten staunend und fasziniert das Segeln über uns.
Der Storch war auch das Lieblingstier des Otto Lilienthal. Dieser hatte sich Ende des Neunzehnten Jahrhunderts für den biologischen Gleitflug als Vorbild für seine Flugmaschinen entschieden. Von Störchen kann man viel über das Fliegen lernen. Dass Flugapparate starre Tragflächen haben sollten, war zu Lilienthals Zeiten keineswegs selbstverständlich. Aus der Zeit um die Jahrhundertwende existieren einige Filmdokumente über Flugversuche mit Schlagflugapparaten. Wenn wir heute über solche „Flattermänner" lachen, sollten wir uns vergegenwärtigen, dass in den meisten Segel- Regattaklassen das Wriggen und Pumpen am Segel zur Disqualifikation führt, ... weil es so effizient ist.

Aber nicht nur das Studienobjekt „Storch" ist für die modernen Wissenschaftler interessant, sondern auch Lilienthals Art und Weise des Erkenntnisgewinns und sein Experimentierstil. Lilienthal hatte keinen Windkanal. Dennoch gelang es ihm mit einem „Flügelkarussell" Modelltragflächen im umströmten Zustand zu untersuchen. Das Prinzip dieses Tragflächen-Messstandes ist denkbar einfach. Lilienthal begann mit zwei etwa gleichen Flügeln und ließ sie auf dem Flügelkarussell rotieren. Sobald der eine oder andere Flügel auch nur ein Quäntchen mehr Auftrieb erzeugte – sei es nun aufgrund des günstigeren Anstellwinkels oder einer kleinen Geometriemodifikation – neigte sich die Karussellwaage und der tauglichere Flügel war sofort identifiziert. Lilienthal baute nun den „Gewinner" exakt nach; die Strömungswaage blieb im Gleichgewicht. Eine kleine Modifikation führte in der nächsten „Generation" wieder zu einer Qualitätsveränderung. War diese positiv, wurde das Merkmal beibehalten; war sie negativ, wurde das Merkmal verworfen. Diese tastende Optimierung erinnert uns nicht ohne Grund an die Syntax der biologischen Evolution. Die Mechanismen der biologischen Evolution sind heute Vorbild für Algorithmen zur Lösung hochdimensionale numerischer Optimierungsprobleme in der Technik. In einem einfachen Evolutionären Algorithmus (EA) werden zunächst Kopien eines artifiziellen Startsystems erstellt (Mutation). Zufällige Modifizierungen führen auf eine Schar von Varianten des Elter-Systems (Variation). MUTANTEN und ELTER bilden ein gemeinsames Selektionsensemble. In jeder Generation werden alle Variationen des aktuellen Elter mittels einer Zielfunktion bewertet und die Qualität aller Systeme ermittelt. Aus der Schar bewerteter Systeme wird ein neuer, aktueller Elter für die folgende Generation erwählt (Selektion). Mit der Variation dieses Elter-Systems setzt sich die Kampagne fort. Auf diese Weise steigt die Qualität des Ensembles von Generation zu Generation.

Igo Etrich war einer der Schüler Lilienthals. Anknüpfend an dessen zahlreichen Untersuchungen im Bereich der Flugtechnik entwickelten die Gebrüder Ignaz und Igo Etrich die sogenannte Etrich-Taube. Sie hatten von der Witwe des bei einem Flugversuch umgekommenen Lilienthals zwei Fluggeräte erworben und waren auf der Suche nach einer stabilen, starren Gleitfläche. Bei ihrer Arbeit orientierten sie sich an Werk des Zoologe und Physikers Friedrich Christian Georg Ahlborn (1858-1937), der sich anhand biotechnischer Fragestellungen besonders mit der

Flugdynamik und der Strömungsforschung beschäftigte. Er entwickelte nach ausgiebiger Analyse des Flugs der Vögel und der fliegenden Fische zahlreiche für den Flugzeug- und Schiffbau wichtige Konstruktionen. Aus Ahlborns Überlegungen zur „Nurflügler-Segeltechnik" der Samen der Liane (Macrozanonia macrocarpa) entwickelten die Etrich Brüder, gemeinsam mit F. Wels, von 1904-09 eine Reihe von ‚Zanonia'-Flugzeugen. Ein unbemannter Gleiter mit 70 kg Nutzlast flog unbemannt lediglich 300 m weit; doch 1909 wurde das gleiche Modell mit einem 50-PS-Motor ausgerüstet und unternahm bemannt seinen ersten Flug. „Bereits im Mai 1910 startete die Etrich- Taube zu ihrem ersten längeren Flug über 45 km Entfernung bei 90 km/h, und im Jahre 1913 flog diese Konstruktion die Strecke Berlin-Paris-London-Berlin mit einer Nutzlast von 200 kg, einer Motorleistung von 100 PS und einer Höchstgeschwindigkeit von 95 km/h."

Die Etrichs übergaben die Lizenz für ihre Erfindung dem österreichischen Konstrukteur Edmund Rumpler (1872-1908), der 1908 die Rumpler Luftfahrzeugbau GmbH in Berlin gegründet hatte. Die „Rumpler-Taube" sollte das bekannteste deutschen Flugzeug vor dem 1. Weltkrieg werden.

Heinrich Hertel. Wenn die geflügelten Spaltfrüchte des Feldahorns (Acer campestre) sich vom Baum lösen und teilen, fängt jede Teilfrucht von alleine an, sich zu drehen, da das Gewicht exzentrisch, am Rande des Flügels, sitzt. Die Fortbewegung des Flügels durch die Luft erzeugt Hub, wodurch sein Fall verlangsamt wird. Hat der Wind diesen Fall ausgelöst, wird er die Flugbahn der Ahornfrucht stark neigen, womit er zur Verbreitung der Samen beiträgt. Den Berechnungen von Heinrich Hertel zufolge brächte ein Wind mit einer Geschwindigkeit von 16 Metern pro Sekunde einen aus 10 Metern Höhe mit einer Geschwindigkeit von 0,8 Metern pro Sekunde fallenden Samen an eine 200 Meter weit entfernte Stelle.

Einige Konstruktionen früher Flugzeugpropeller waren von der Formgebung der Feldahornsamen beeinflusst. Und in der Tat ist die Aerodynamik der Ahornfrucht mit der eines (freifliegenden, einarmigen) Propellerrotors vergleichbar.

In der modernen Technik kommen frei fliegende einarmige Rotoren bestenfalls als Spielzeuge vor. Selbst einarmige Windmühlen sind selten anzutreffen, obwohl sie einige bedeutende aerodynamische Vorteile besitzen. Mit einem Einarmrotor lassen sich sehr hohe Schnelllaufzahlen realisieren, was die Kompliziertheit (Polzahl) der Energie wandelnden Elektrogeneratoren verringert. Für den Wissenschaftler sind sie aufgrund des raffinierten Massenausgleichs interessant. Der Rotor wird pendelnd, fliegend gelagert und beginnt nach einer kurzen Anlaufphase zu präzisieren. In diesem Verhalten erinnert das „Flugbild" dieses Rotors sehr an einen Feldahornsamen. Von einer mathematischen Beschreibung des Fluges eines Ahornsamens ist mir bislang nichts bekannt. Dem interessierten Leser empfehle ich Experimente mit selbstgebastelten, einarmigen Fluggeräten aus Papier, die man getrost im heimischen Wohnzimmer untersuchen kann. Man erfährt auf diese Weise enorm viel über die komplexe Physik des Ahornsamens.

Sir George Cayley. Für mehrarmige Propeller ist der so genannte „Autogyro- Effekt" ein inzwischen gut untersuchtes Phänomen. Genutzt wird der Autogyro- Effekt als Sicherheitssystem für Hubschrauber. Im Falle einer Motorpanne beginnt der entfesselte Rotor mit einer eigenen Drehbewegung, produziert Auftrieb, verlangsamt den Fall des Fluggerätes und ermöglicht somit eine Notlandung. Gegen 1840 hatte Sir George Cayley die Flügelfrucht als Vorbild für Propellerblätter vorgeschlagen. Aber erst 1928 baute J. de La Cicrva (Spanien) einen Flugapparat, der den Namen „Autogyros C8-11" trägt. Hier übernimmt ein von einem Flugzeugmotor angetriebener Propeller die Fortbewegung in Flugrichtung. Ein zweiter waagrechter Propeller mit vier breiten Flügeln kommt durch den Fahrtwind von selbst in Drehung. Diese Drehflügel sind nicht motorisiert und geben dem Apparat Hub.

Der Tragschrauber erlebt derzeit eine art Widergeburt. Tragschrauber haben gegenüber dem Hubschrauber den Vorteil, dass sie nur etwa 10% der Anschaffungs- und 10% der Betriebskosten erreichen. Nachteil: Sie können nicht im Stillstand fliegen (Hovern), seitwärts und rückwärts fliegen und auch nicht senkrecht Starten und Landen. Eine hubschrauber- typische Bergung von Personen oder Lasten ist unmöglich.

Bleiben wir noch einen Moment bei Propellermaschinen. Die (oben beschriebenen) persischen Windmühlen tauchen lange vor unserer Zeitrechnung auf. Sie hatten vertikale Abtriebswellen. Im Abendland wurde – allerdings sehr viel später- ein ganz anderer Windmühlentyp entwickelt, als der morgenländische "Vertikalachser". Auffälliges Unterscheidungsmerkmal ist der Rotor mit horizontaler Achse, dessen Flügel sich wie bei einem Flugzeugpropeller in einer Ebene senkrecht zum Wind drehen. Hier muss also ein anderes Antriebsprinzip wirken, als der Luftwiderstand der Flügelflächen bei den Widerstandsläufern. Erst Anfang des 20ten Jahrhunderts wurde der Auftrieb von umströmten Flügelprofilen, die treibende Kraft von Windrädern mit horizontaler Achse, theoretisch beschrieben. Mühlenbauer früherer Jahrhunderte behalfen sich wahrscheinlich mit der Vorstellung, dass sich das Flügelrad wie eine Schraube ("Luftschraube") durch die vorbeiströmende Luft windet.
Die älteste Bauform der auftriebsnutzenden "Horizontalachser" ist die Bockwindmühle. Im 12.Jh. taucht sie als Abbildung in einem englischen Gebetbuch auf und sie wird zu dieser Zeit auch in den Statuten der französischen Stadt Arles (Provence) erwähnt. Von England und Frankreich breitet sie sich neben dem Wasserrad als wichtigste Antriebsmaschine über Holland, Deutschland (13. Jh.) und Polen nach

Russland (14. Jh.) aus. Es ist unter den Historikern umstritten, wer sie erfand und wo sie herstammt. Es scheint jedoch Einigkeit darüber zu bestehen, dass "die Kreuzfahrer die Windmühle nicht, wie früher angenommen, in Syrien kennen gelernt, sondern ihrerseits dort hingebracht haben.". Die Bockwindmühle besteht aus einem kastenförmigen Mühlenhaus, das drehbar um einen Zapfen auf einem Bock gelagert ist. Es kann dadurch zusammen mit dem Flügelrad über einen Steert in den Wind gedreht werden.

Die Begriffe Biotechnik und Bionik tauchen auf.

In den Naturwissenschaften und insbesondere in der Biologie war man im 18. Jahrhundert noch vollends mit der Entscheidung zwischen künstlichen und natürlichen Klassifikationssystemen beschäftigt (Carl von Linné – Georges Buffon). Allerdings wurde aus biologischer Perspektive schon 1919/20 der theoretische Grundstein für die bionische Arbeitsrichtung von dem damaligen Direktor des Biologischen Instituts der Deutschen Mikrobiologischen Gesellschaft in München und späteren Privatgelehrten Raoul Heinrich Francé (1874-1943) gelegt. Er forderte unter dem Begriff „Biotechnik" in verschiedenen Schriften die biologische Konstruktionsweise der Pflanzenwelt anhand von Selektionsdruck in der Technik – wenn sich die jeweilige Problemlage deckt – nachzuahmen. Ein kurioses Beispiel für die Umsetzung dieser Forderung ist sein anhand der Mohnkapsel entwickelter, z.T. in Deutschland patentierter, Streuer für Salz, Pfeffer und Puder.

Biologen, Techniker, Ingenieure, Chemiker und Architekten sollten seiner Meinung nach zusammenarbeiten, um gemeinsam neue Denk- und Forschungsansätze zu verfolgen und damit die Industrie zu einer neuen Blüte verhelfen.

In der damaligen deutschen Universitätslandschaft waren die Fakultäten jedoch so stark voneinander abgegrenzt, dass eine Zusammenarbeit zwischen Technikern und Naturwissenschaftlern kaum denkbar war. Die mangelnde Kommunikation zwischen den einzelnen Disziplinen war der Grund dafür, dass Francés Ansätze kaum beachtet wurden.

Nur am Rande sind trotz dieses Umstandes vier Beispiele für „bionische" Veröffentlichungen am Anfang des 20. Jahrhunderts zu nennen: Alexander Niklitschek mit seiner „Technik des Lebens" (1940); Willi Kuhl (1892-1972), der 1935 einen Aufsatz zu „Tier und Maschine" veröffentlichte; W. Schramm, der sich 1927 über „Die Schwingung als Vortriebsfaktor in Natur und Technik" äußerte und Friedrich von Lucanus (1896-1945), der in seinem 1926 erschienen Buch „Im Zauber des Tierlebens" ein Kapitel der Biotechnologie widmete.

Ein wichtiger Anwendungsbereich der „frühen Bionik" ist das Bauwesen. Von 1850-1851 wurde von Joseph Paxton der Londoner Kristallpalast entworfen und konstruiert. Dabei orientierte er sich an der Riesenseerose im Amazonasgebiet, die einen Durchmesser bis zu 2,30 m erreicht. Ihr Rippnetz und ihr umgebogener Blattrand verleiht dem Blatt hohe Spannkraft und Tragfähigkeit. Dieses Prinzip der radialen Verrippung regte Paxton zu seiner einmaligen Raum- und Lichtkonzeption an und zugleich stellt der Bau den Beginn der heutigen Glieder- und Montagebauweise aus vorgefertigten Bauteilen dar. Joseph Paxton, geboren im Jahre 1803, wurde im Alter von dreiundzwanzig Jahren vom Grafen von Devonshire als Gärtner eingestellt, um sich um den riesigen Landbesitz des Schlosses Chatsworth zu kümmern. Er erwies sich bald als begabter Amateuringenieur und Spezialist in Leichtbauweisen und materialsparenden Bauverfahren.
Im Jahre 1846 gelang es Botanikern, Samen einer in British Guyana heimischen Riesenseerose in England zum Keimen zu bringen. Diese

Pflanze wurde zu Ehren von Königin Victoria Victoria „regia" genannt. Heute bezeichnet man sie als Victoria amazonica Poepp Sowerby. Ihre schwimmenden Blätter, die wie riesige Tortenbodenbleche aussehen und ausgewachsen bis zu zwei Metern Durchmesser erreichen können, erweckten die Neugierde unseres Botanikers und Amateuringenieurs Paxton. Er entdeckte, erstaunt über die außerordentliche Tragfähigkeit, auf der Unterseite ein Netz von strahlenförmigen und konzentrischen Rippen, die das Blatt versteifen. Dieses System regte ihn zu einer neuartigen Konstruktion eines horizontalen Daches an, für die er im Jahre 1850 ein Patent anmeldete. Um sie zu erproben, baute er in Chatsworth ein Gewächshaus mit einem völlig verglasten gefalteten Dach, unter dem er die Victoria amazonica mit Erfolg zum Wachsen und sogar zum Blühen brachte. Vergleicht man ein von Paxton entworfenes Dachelement mit einem Blatt von Victoria amazonica, ist die Analogie zu diesem nicht offenkundig, da die eine Struktur rechtwinklig, die andere aber kreisförmig und strahlenförmig ist.

Dasselbe Prinzip eines Bauwerks aus Elementen in Standardabmessungen wurde von Paxton dann auch für die Halle der Internationalen Ausstellung der Industrie, des Handels und der Künste, der ersten Weltausstellung, in London angewandt. Der Crystal Palace wurde im Jahr 1851 in der Rekordzeit von zweiundzwanzig Wochen im Hyde-Park errichtet. 1852 abmontiert und auf der östlichen Hangseite von Sydenham Hill wieder aufgebaut, fiel er 1932 einem Brand zum Opfer.

Netz- und Hängekonstruktionen in der Natur liefern nicht nur für Gebäude, sondern auch für die Statik von Gerüst-, Überdachungs- und Brückenkonstruktionen Modelle (Gewebe-, Faser- und Knochenstrukturen). Überdies stellt die Natur neben dem funktionalen Aspekt in vielen Bereichen auch ein ästhetisches Vorbild dar. Seien es die Harmonie von Form und Funktion, farbliche oder symmetrische Aspekte.

Max O. Kramer gehört zu denjenigen, die den Übergang von der spontanen Nutzung der biologischen Wissenschaft für die Belange der Industrie zur systematischen Forschung prägten. Seine Arbeiten zur Minimierung von Strömungs- und Reibungswiderständen durch die Untersuchungen der Hautbeschaffenheit von Delphinen in den 50er und 60er Jahren führte später gemeinsam mit der Nachbildung der Fortbewegungsmechanismen von Fischen zur Konstruktion neuer Wasserantriebsarten extremer Schubkraft. So stellte Kramer anhand seines im Jahre 1962 entwickelten Überzugs für Unterwasserfahrzeuge fest, dass gegenüber nicht umhüllten Modellen gleicher Form eine 50%ige Minderung des Reibungswiderstandes zu erreichen ist.

Bei biologischen Fliegern wurde das bodennahe Gleiten und auch der Kraftflug dicht über der Wasseroberfläche schon vor geraumer Zeit beobachtet und beschrieben. Bei der Umsetzung in künstliche, technische Flugsysteme fällt automatisch der Name Prof. Dr. A. M. Lippisch. Er gilt allgemein als der Vater der Bodeneffektfahrzeuge. Allerdings war Lippisch nicht der erste Wissenschaftler, der sich theoretisch und experimentell mit den Besonderheiten der „Staulufteffekte" befasste. So hatte Wieselberger, Assistent von Prof. Prandtl in Göttingen, bereits 1920/21 eine Theorie der Bodeneffekte an Tragflügeln veröffentlicht. Sie beruhte auf der Annahme, dass der induzierte Widerstand bei Annäherung eines Tragflügels an den Boden vermutlich kleiner wird. Praktische Versuche mit kleinem Bodenabstand und großer Flügeltiefe haben damals nicht stattgefunden.

Der Finne Kaairo hatte erstmalig 1932 den Bodeneffekt an einem Schlittenfahrzeug angewendet und auch ein Patent darauf erhalten. Da dieses nur in finnischer Sprache vorlag, blieb es lange Zeit unbekannt. Erst 1959 wurde Kaairo zu einem Vortrag in die USA eingeladen. Neben den Arbeiten von Wieselberg wurde die Theorie des

Bodeneffektes für die ebene Platte von Tamotika, Nagatnya und Ta-
kenouti 1933 behandelt.

Nach Kaairos Vortrag in den USA begann man auch dort mit der Erforschung des Bodeneffekts. In den Folgejahren wurde die Wieselbergersche Theorie durch die NASA im Windkanal bestätigt. Schon Anfang der dreißiger Jahre begannen die Lufthansapiloten, den von Wieselberger theoretisierten Bodeneffekt auf ihren Transatlantikflügen zu nutzen. Die hervorragenden Flugeigenschaften der Do-X und der Wal-Flugboote erlaubten bei ruhigem Wetter stundenlanges, freihändiges Fliegen knapp über dem Wasser. Dabei konnte bis zu 50% Kraftstoff eingespart werden. Natürlich waren Flugboote trotz der großen Flügeltiefe noch keine typischen Bodeneffektfahrzeuge. Es wurde aber gezeigt, dass Meere und Ozeane ideale Einsatzgebiete für die Nutzung des Bodeneffekts sind. Hybridfahrzeuge aus Schiff und Flugzeug nennt man im Westen WIG (wing in ground, Tragflügel im Bodeneffekt) und in Osteuropa Ekranoplan. Obwohl diese bereits vor Jahrzehnten als Truppentransporter in der Sowjetunion entwickelt wurden, sind sie nach zivilen Standards für einen wirtschaftlichen und sicheren Betrieb noch nicht geeignet. Ekranoplan ist auf zusätzliche Düsen angewiesen, die das zum Abheben notwendige Gaskissen bilden und damit eher mit den Hovercraft-Fahrzeugen zu vergleichen, die zwischen England und Frankreich pendeln. Auch kleinere deutsche Firmen haben bereits Prototypen entwickelt, doch hätte ein Personentransport mit 300 Stundenkilometern in einer Flughöhe von wenigen Metern wohl derzeit keine Aussicht auf Genehmigung.

Unser Streifzug durch die Historie der Bionik kann nur einen kleinen und unvollständigen Einblick in das frühe funktionale, von der belebten Natur inspirierte Design geben.

Die nähere Untersuchung der physikalischen Phänomene wird ausreichend Gelegenheit bieten auch auf die historischen Aspekte ihrer Entdeckung und Verwertung im Sinne der Bionik geben.

[AIAA-97]   Biological Surfaces and their Technological Application. 28th AIAA Fluid Dynamics Conference. (1997)

[BaNe-98]   Barthlott, W.; Neinhuis, C.: Lotusblumen und Autolacke – Ultrastruktur pflanzlicher Grenzflächen und biomimetische unverschmutzbare Werkstoffe. Biona Report 12, Schriftenreihe der Wissenschaften und der Literatur, Mainz. Gustav Fischer-Verlag, Stuttgart 1998.

[Bann-02]   Bannasch, Rudolph. Vorbild Natur. In: design report 9/02, S.20ff. Blue.C Verlag Stuttgart: 2002.

[Bapp-99]   Bappert, R. Bionik, Zukunftstechnik lernt von der Natur. SiemensForum München/Berlin und Landesmuseum für Technik und Arbeit in Mannheim (Herausgeber): 1999

[Bech-93]   Bechert, D.W.: Verminderung des Strömungswiderstandes durch bionische Oberflächen. In: VDI-chnologieanalyse Bionik, S. 74 – 77. VDI-Technologiezentrum Düsseldorf 1993.

[Bech-97]   Bechert, D.W., Biological Surfaces and their Technological Application. 28th AIAA Fluid Dynamics Conference: 1997

[Dien-01]   Dienst, M.: Bionik in der Verpackungstechnik, , In: Tagungsband 14. Verpackungskongress 2001, S. 9-20. Frankfurt a.M. 2001.

[Dien-02]   Dienst. M.: Die Natur als Vorbild für Innovationen im Yacht Design. 23. Symposium Yachtentwurf und Yachtbau Hamburg, In: Tagungsband, S. 9-37. Hamburg 2002.

[Dien-03]   Dienst, M.: Bionik Engineering Design in der Verpackungstechnik. In Films-Sheets-Laminates, S. 1-13. VDI-Bericht 1719, VDI Verlag 2003.

[Dien-05]   Dienst, M., (2005) Genesetransformation. Ein Algorithmus zur Synthese von Signalen nach dem Vorbild der biologischen Musterbildung. In Forschungsberichte 2005 der TFH Berlin, S. 190–193. Publikationen der Technischen Fachhochschule Berlin.
ISBN 3-938576-04-9

[Dien-06]   Dienst, M., (2006) Eine Optimierungsumgebung für Genesetransformationen. In Forschungsberichte 2006 der TFH Berlin, S. 115-117. Publikationen der Technischen Fachhochschule Berlin. ISBN 3-938576-07-3

[Dien-07]   Dienst, M., (2007) Genesetransformation. Adaption der Transformationscharakteristiken. In Forschungsberichte 2007 der TFH Berlin, S. 166-171. Publikationen der Technischen Fachhochschule Berlin. ISBN 978-3-938576-07-3

[Dubb-95]   Dubbel, Handbuch des Maschinenbaus, Berlin, 15.Auflage 1995.

[Eige-87]   Eigen, M. Stufen zum Leben, Pieper München, Zürich 1987.

[Fren-94]   French, M.: Invention and Evolution: design in nature and engineering. Cambridge University Press. Cambridge 1994.

[Fren-99]   French, M.: Conceptual Design for Engineers. Berlin, Heidelberg, New York, London, Paris, Tokio: Springer: 1999

[Gutm-89]   Gutmann, W.: Die Evolution hydraulischer Konstruktionen. Verlag W. Kramer: Frankfurt am Main, 1989.

[Liao-03]   Liao, J.C.; Beal, D.; Lauder, G.; Triantayllou, M. Fish Exploting Vortices Decrease Muscle Activty. In: Science 2003, S. 1566-1569. AAAS. 2003.

[Matt-97]   Mattheck, C.: Design in der Natur. Rombach Verlag. Freiburg 1997.

[Nach-98]   Nachtigall, W. : Bionik – Grundlagen und Beispiele für Ingenieure und Naturwissenschaftler. Springer-Verlag, Berlin-Heidelberg-New York 1998.

[Nach-00]	Nachtigall, Werner; Blüchel, Kurt. Das große Buch der Bionik. Stuttgart: Deutsche Verlags Anstalt: 2000.
[PaBe-93]	Pahl. G.; Beitz, W.: Konstruktionslehre, 3.Auflage. Berlin- Heidelberg-New York-London-Paris-Tokio: Springer 1993
[Rech-94]	Rechenberg, Ingo. Evolutionsstrategie'94. Frommann-Holzoog Verlag. Stuttgart: 1994.
[Roth-92]	Roth, K.: Methodisches Entwickeln von Lösungsprinzipien, Wege und Verfahren zur Lösungsfindung in der Konstruktionspraxis. VDI-Berichte 953, Düsseldorf. VDI Verlag 1992
[Tria-95]	Triantafyllou, M.: Effizienter Flossenantrieb für Schwimmroboter. In: Spektrum der Wissenschaft 08-1995, S. 66 –73. Spektrum der Wissenschaft- Verlagsgesellschaft mbH, Heidelberg 1995.
[VDI 2221]	VDI-Richtlinie 2221. Methodik zum Entwickeln und Konstruieren technischer Systeme und Produkte. Düsseldorf: VDI-Verlag 1993.